신념 이야기

/ 차례 /

제1부 나는 신념을 잡았다

나는 신념을 잡았다 / 12

성공과 비운의 갈림길 / 14

믿는 세계는 금빛 선으로 구획된다 / 16

금빛 선 안의 진귀한 세계 / 19

생각한 대로 되는 체험의 세계 / 23

반복하는 기술이 중요함 / 27

잠재 의식에 숨겨진 신념의 힘 / 32

텔레파시(사고의 교류) / 35

수익을 몇 배로 올린다 / 39

실증(實證)의 편지는 많다 / 42

회사를 파산에서 구(救)하다 / 45

마음의 사이언스에 대한 경고 / 48

제2부 마음은 무엇인가, 그 실험

마음은 무엇인가, 그 실험 / 52

사고 과정에서 만들어 낸다 / 54

정신이라 하는 만능의 황금 / 57

엘 도라도(El Dorado, 황금의 나라) / 60

참으로 욕구하는 것을 결정한다 / 65

욕구를 갖는 데서 스타트한다 / 67

방사(放射)와 진동 그리고 뇌파 / 69

사이코키네시스(psychokinesis, 염력)의 실험 / 71

사고는 동류의 것을 창조한다 / 74

인체의 전기 실험 / 78

생물이 가지는 전기 진동 / 81

생각의 방사(放射)에 대해 / 85

잠재 의식을 가설(假說)한다 / 88

잠재 의식의 실용 법 / 91

사람의 위급을 구(救)하는 힘 / 95

마음에 이미지를 만든다 / 97

/ 차례 /

제3부 잠재 의식이란 것

잠재 의식이란 것 　/ 100

반복이 중요하다 　/ 102

두 의식의 특색 　/ 105

잠재 의식은 힘의 근원 　/ 109

에너지의 동력원 　/ 112

세 가지 직능 　/ 115

능력 범위 안의 것을 욕구한다 　/ 117

제4부 암시는 힘이다

암시는 힘이다 / 122

암시의 종류 / 123

반복 암시의 위력 / 127

사고(思考)의 강풍에 복종하다 / 130

성공도 실패도 마음에서 / 134

공포심이 불황이나 전쟁을 만든다 / 137

이미지가 잠재 의식을 약동하게 한다 / 139

믿는 것이 운명을 만든다 / 142

생물에 격려를 / 145

이미지를 갖지 않은 국민은 망한다 / 149

우연인가, 영상의 구현인가? / 152

숨어있는 힘을 끌어낸다 / 154

골프에 필요한 마음의 그림 / 157

마음의 그림이 갖는 알 수 없는 흡인력 / 159

/ 차례 /

제5부 이미지(영상)를 만들 것

이미지(영상)를 만들 것 　/ 166

내가 문득 생각한 명안(名案) 　/ 167

마음속 이미지를 바꾸는 공부 　/ 170

알 수 없는 체험 　/ 172

생각대로 되는 이상함 　/ 174

잠재 의식과 2가지 사건 　/ 179

상상력의 쓸데없음 　/ 185

상상력을 바르게 쓰는 법 　/ 189

한 가지 점에 집중한다 　/ 191

상상력에 이어지는 바른 행동이 필요 　/ 193

잠재 의식에 의지한다 　/ 197

성과는 씨앗에 달려있다 　/ 201

카드 사용의 기술 　/ 203

염원을 마음에 심어 놓는다 　/ 206

카드는 모든 것을 실현시켰다 　/ 208

잠재 의식을 굳힌다 / 211

자기에게 말하고 들려준다 / 213

적극적인 생각을 몰아내지 않는다 / 215

과거에만 살지 않는다 / 217

사람을 접하는 사람의 마음가짐 / 218

잠재 의식에 의지한 생활 / 221

반복하는 효과 / 223

정신 집중으로 위대한 업적을 / 225

제6부 거울이 잠재 의식을 약동시킨다

거울이 잠재 의식을 약동시킨다 / 232

거울을 사용하는 기술 / 234

나는 거울의 기술을 알았다 / 238

거울을 사용하는 회사의 번영 / 245

눈의 힘은 그 사람을 나타낸다 / 249

이 사이언스를 내기에 걸지 말라 / 254

/ 차례 /

제7부 바깥 세계는 마음의 투영(投影)

바깥 세계는 마음의 투영(投影)   / 258

문명은 상상력과 잠재 의식의 산물   / 260

체험의 세계는 마음의 표현   / 264

상사의 이름을 모르는 종업원   / 269

눈에 호소하는 힘   / 273

마음의 파동   / 277

그것은 정신의 파동   / 281

파동이 미치는 효과   / 283

자기 힘으로 정신 치료가 가능하다   / 287

라인 박사의 실험 보고   / 290

여러 다양한 지지자(支持者)   / 302

텔레파시의 실례   / 305

제8부 생각은 실현된다

생각은 실현된다　/ 310

동물계의 텔레파시　/ 311

신비적인 영향력　/ 315

신비적인 영향력의 이용　/ 318

과학의 금단(禁斷) 경(境)　/ 324

카드로 재미있는 실험　/ 327

창조적 매직을 믿는다　/ 333

행복은 당신 속에 있다　/ 338

번역자 후기　/ 342

1부

나는
신념을
잡았다

나는 신념을 잡았다

괴로운 난관을 무사히 넘기고 그 위에 잘 하면 놀라운 성공에 이르게 하는 좋은 방법은 없을까? 손 쉽게 빨리 그 방법을 알고 곧 실용 할 수 있는 그런 좋은 요령이라도 있으면 그 것이 무엇이든 상관없다.

어떤 힘이든가, 동력이든가, 박력이든가, 혹은 사이언스 또는 기술이라 하는 종류의 어떤 것이든 무엇이라 부르든 상관없다. 어떤 그러한 쓰기 편리한 비법은 없을까?

나는 '있다'고 확신한다. 이 책은 그런 사실을 누구도 알 수 있게 설명하고, 나아가 당신이 그 것을 생각한 대로 보람 있게 사용하려면, 어떻게 하면 좋을 것인지, 그 방법을 말하고자 하는 것이다.

15년 전쯤, 나는 로스엔젤레스 시의 사업가들을 모아 강연을 했다. 그런데 그 후, 시의 대 신문 경제기자가 강연 주지였던 '지구를 뒤흔드는 강력 폭약 TNT'라 제목을 단 나의 팸플릿을 읽은 뒤에 이렇게 편지를 보내왔다.

"당신은 하늘에서 어떤 불가사의한 것을 잡고 와서 이야기를 했다. 그 것은 어떤 우연의 일치라고 할 테마로 그 깊은 신비를 가지고 모든 사람들을 대번에 명랑한 기분으로 끌어넣고 말았다."

이 편지를 읽은 나는 어떤 귀중한 광맥을 발굴한 듯한 기분이 들었다. 나의 사고방식은 어떻든 훌륭하게 세간의 도움이 되었던 것이다.

성공과 비운의 갈림길

나 자신은 아무 특별한 불가사의한 일이란 느낌을 갖지 않는다. 다만, 세간의 많은 사람들이 이 사실을 모르고 있을 뿐이라 생각한다. 인류 문명 초기부터 행운의 사람만이 주목한 것이므로 어찌 된 셈인지 일반 사람들은 거의 모르고 살아온 것이다.

수 년 전부터 내가 이 사이언스에 관해 강연도 하고, 팸플릿을 통해 설명하기 시작한 초기만 해도 일반 사람들이 내가 말하는 사실들을 과연 충분히 이해해 줄지 어떨지 자신이 없었으나 지금 와서 보면, 이 사이언스를 응용한 사람들은 수입을 2배, 3배 올리고 사업을 성공으로 이끌고 별장지에 훌륭한 집을 세우고 상당한 재산을 만들고 있다.

다소나마 머리가 있어서 자기자신을 중요시하는 사람이면 희망하는 바에 따라 입신출세도 가능하다고 나는 확신하고 있다. 나는 이 것을 저서로 만들 생각은 없었지만 최근 출판사 여성이 나를 찾아와서,

"제대군인이나 전후 괴로운 시대에, 알맞은 자리를 얻으려 생각하는 사람들을 위해 지금까지 설명해 온 사실을 통속적인 책으로 널리 사람들에게 읽힐 의무가 당신에게 있다고 생각한다. 출세하고자 생각하는 사람들은 모두 인생에 참된 대망을 가지고 있음이다.

당신은 그 사람들을 도울 수 있는 어떤 것인가를 마음속에 가지고 있다고 생각한다. 꼭 그 것을 널리 세간에 보급하고 싶은 것이다."하고, 권유하는 것이다.

나 역시 1차 세계대전에 유럽에서 싸우고, 그 후 제대자의 직업 알선 등도 맡아 이번 2차 대전에서도 많은 사람의 전후 노고를 직접 공감했다.

또 일생을 걸고 있는 사람들의 훌륭한 꿈을 이루도록 도와주고자 생각하는 마음도 내 가슴을 달구고 있다. 그런 동기에서 나는 이 신념의 힘, 믿는 바의 매직에 대해 상세히 총괄적으로 쓰고자 하게 된 것이다.

믿는 세계는
금빛 선으로 구획된다

이 책을 읽는 사람 가운데 나를 광인이라 하든가, 신들린 바보로 부르는 사람이 있을 것으로 생각한다. 그 사람을 향해서 나는 반세기 이상이나 이 세상에 살면서 오랜 동안 사업계에서 활동하고, 신문 기자나 라디오 강연자로서 상당한 경험을 쌓아오고 있음을 명백히 밝히고 싶다.

내 생애 첫발은 뛰어다니는 사건 기자다. 경찰서를 순회하는 기자라면 진실을 쫓는 훈련을 쌓아 오므로 어떤 일도 잘 이해하려 하고, 그대로 받아들이지 않는다.

그리고 2년 정도 어느 신문사 종교면 기자도 했다. 그 때, 모든 종교의 교주나 목사, 전도사, 승려만 아니라, 정신 요법사나 신앙 치료사 외에 심령술(心靈術), 크리스천 사이언스, 신 사상 단체, 태양이나 우상을 섬기는 종파 등, 존재하는 모든 이단자나 가짜 종교인도 가깝게 만나 보았다.

영국의 유명한 복음 전도사 G 스미스가 아메리카 전국을 순회 설교할 즈음, 나는 매일 밤, 그의 연단 옆에 의자를 차지하고, 히스테릭하게 울부짖으며 넘어질 듯 비틀거리고 교회 통로를 우왕 좌왕 하는 사람들을 바라보며 기이한 느낌에 부딪혔다.

또 그리스도 교 한파로 거친 감정에 온 몸을 떨며 뒤트는 사람들 모임에 처음 나갔을 때, 알 수 없는 놀라움을 느꼈다. 그 후, 여러 군데 심령 실험 모임에 나가면, 나의 호기심은 점점 높아졌다.

그 밖에 추위에 덜덜 떨며 기쁨의 소리를 지르고 목욕재계를 하는 사람들이나 인디안의 기우제(祈雨祭) 춤 등 여러 가지 행사를, 나는 다만 놀라운 눈을 크게 뜨고 바라본 것이다.

프랑스에서 1차 대전 때, 농촌 사람들의 세상 물정 모르는 깊은 신심이나 교구 목사의 위력에 감동하고 피레네 산록의 유명한 루루도(Lourdes) 사원이나 그 밖에 여러 단체 기적의 병 치료 등도 호기심을 가지고 보고 듣고 했다.

하와이에서 카후나(Kafuna)라는 종파 사람들은 기도에 따라 사람을 죽일 수도 살릴 수도 있다는 이야기를 듣고 놀랬다.

신문기자 초기의 일이지만 유명한 영매(靈媒)가 법정에서 심령 현상을 부정하는 많은 사람들에게 둘러 쌓여 '영의 출현'이 불가능해 유죄가 되는 것을 본 일도 있다.

판사는 영매를 향해 만약 법정에서 영매에게 말을 시킬 수 있다면, 무죄 방면해 준다고 약속을 선언하기도 했다. 심령현상을 지지하는 사람들은 그 앞서의 심령 실험 모임 때 이 똑 같은 영매가 놀라운 현상을 일으켰다고 증언했음에도 법정에서 전혀 무력한 것을 보고 나는 무슨 일이었는지 확실한 이유를 알지 못했다.

　그 후, 운명 점치기의 '사기단'이나 집시의 수상 보기부터 수정알 들여다보기, 별 점 치기 등에 이르기까지 모든 사람들을 탐방했다. 인디안 노인 앞에서 나의 수호령으로부터 나의 과거, 현재, 미래만 아니라, 들어본 일 없는 내 친척의 신상 이야기까지 들을 수 있었다.

금빛 선 안의 진귀한 세계

　병원 병상에서 나의 주위 사람들이 죽어 가는 것을 보았다. 더구나 보기에 그보다 훨씬 중증의 사람들이 병상에서 일어나 단시일 내에 명랑하게 퇴원하는 것이다. 반신 마비의 사람들이 겨우 2,3일 사이에 고통에서 벗어나 빠르게 완쾌한 사실을 보았다.

　또, 팔에 쇠 바퀴를 조이자 류머티즘이나 관절염이 깨끗이 나았다고 말하며 나가는 만부득이 한 사람도 만났다. 정신요법으로 난치병을 완치한 사람도 있다. 나의 친척은 손의 사마귀가 모르는 사이 뜻밖에 없어졌다는 이야기도 들었다.

　치명적인 맹독의 방울뱀에게 자기 몸을 감기고 말았지만 원기왕성하게 살아난 사람 이야기, 그 밖에 알 수 없는 치료와 사건을 얼마든지 듣고 보았다.

　또 나는 역사상 위인전 등도 많이 읽었다. 인생의 위업을 이루어 낸 남녀 위인도 많이 인터뷰를 했다. 무엇이 그들을 인간 세상의 정상으로 밀어 올려 놓았는가 하고, 의아해 한 일도 많이 있다.

스포츠 코치가, 야구나 축구의, 보기에 도리 없이 약한 팀을 담당, 여기 무엇인가 불어넣자 곧바로 승리해, 강한 팀으로 바뀐 경우도 알았다.

경제 불황 때, 어느 회사의 몹시 기 죽은 영업사원들에게 우 향우를 했는가 생각하면, 마침내 이전보다 훨씬 많은 실적을 올린 경우도 내 눈으로 보았다.

나는 태어나서 매우 강한 호기심을 가지고 있었다. 이 때문에, 사물에 대해 항상 설명 및 대답을 찾아 싫증 모르는 이른바 악착 같은 탐구욕을 가지고 있었다. 이 욕구가 나를 매우 기묘한 곳에도 데려가고, 또 알 수 없는 사건에도 나의 눈을 뜨게 해 주었다.

종파 및 종단이나 물리 및 심리요법 등의 사이언스에 관한 책도 손 쉽게 읽어 보았다. 가령, 근세의 새로운 심리학이나 형이상주의를 비롯해 예로부터의 마술, 아프리카의 신앙, 인도의 요가, 접신술(接神術), 크리스찬 사이언스, 프랑스 꾸에 류의 암시요법, 그 밖에 이른바 '정신 관계 연구'에 속하는 것은 물론, 철학이나 고대 철인의 글 등, 셀 수 없을 만큼 많은 자료를 독파했다

그러나 그 대부분은 매우 어이없고 모르는 것뿐이었다. 또 두렵게 심원한 내용도 있었다. 특히 모든 교리에 있어서 만약 그 것을 마음속으로 승인하고 순수하게 응용할 수 있다면 어떤 효과를 나타내는 한 줄기 금빛 선이 있어 경계없이 그 안팎의 세계를 구별하

고 있는 사실에, 점차 주목하게 되었다.

이 한 줄기 금빛 선이야 말로, '믿는다'는 간단한 말로 나타낼 수 있는 것이다. 이와 같은 종류의 것이라 할까, 혹은, 원동력이라 할까, 결국, 신념이라는 것이 많은 사람에게 심리 요법의 효과를 미치는 것이다.

또 어떤 사람을 높은 성공의 단계로 올려 놓든가, 혹은, 믿는 그 사람에게 이상한 체험을 안겨주는 것이다.

왜, 신념이 마술이나 기적을 나타내는가에 대해 차분하고 만족할 만한 설명은 불가능하다. 그러나 여기에 의심할 만한 여지는 전혀 없는 것이다. 믿기만 한다면, 순수한 마술 내지 기적이 일어나는 것이다.

"신념은 마술인 것이다."

라는 말을 찾아 나의 생각은 확실한 발 걸음으로 전진해 나아갔다. 정신의 사이언스는 인류의 역사와 같은 정도로 오래 된 것이다. 모든 시대를 통해 현명한 사람들은 사이언스를 이해하고 이 것을 기교적으로 사용하고 있다.

나의 작업으로서는 몇 세기에 걸쳐 전해 내려오는 이 대 진리를 근대어로 써서 증거 세우는 일이다.

이 때문에 지금 소수의 위대한 정신 가들이 실행하고 있는 사실 등도 예로 보이며 당신의 주의를 불러 일으키고 싶은 것이나. 다행

한 일은 세간의 사람들이 지금 마침내,

"마음의 사이언스에 어떤 중요한 것이 숨어 있다"고 하는 생각을 깨우치기 시작한 것이다. 현재는 몇 백만이라는 사람들이 이 문제를 알고 싶어 하고, 또, 이 것을 이용하면 크게 도움된다는 사실이 분명 있다고 생각하기에 이른 것으로 나는 믿는다.

생각한 대로 되는 체험의 세계

그래서 내 생애 가운데 2, 3의 작은 체험을 먼저 말하고자 생각한다. 당신은 이에 따라 이 마음의 사이언스가 일층 알기 쉽게 될 것이라고 생각한다.

1차 대전 당시 나는 어느 연대에도 속하지 않은 부정규(不正規) 병으로서 프랑스에 상륙했다. 이 때문에 상당 기간을 근무한 후가 아니면 봉급을 받을 수 없음을 알게 되었다. 출항 전에 준비한 용돈은 배 안의 주보에서 무의식 중에 거의 다 써 버린 것이다.

봉급을 받기 까지의 기간, 검이나 담배 등 작은 것도 무엇 하나 살 수 없이 이를 악물고 있지 않으면 안 되었다. 동료 병사가 뻐끔뻐끔 담배 연기를 내 얼굴로 뿜어 대면, 내게는 한 푼도 돈이 없다고 한심하게 줄곧 생각했다.

어느 날 밤, 사람으로 꽉 찬 혼잡한 열차로 밀려 들어갔을 때, 잠 자기는 생각도 못하고 밤새껏 나는 제대만 하면,

"듬뿍 돈을 벌고 말겠다"

하고 골똘히 생각, 마음속으로 굳게 다짐했다.

그리고 내 일생에 격변이 닥쳐왔다.

원래 나는 젊은 시절부터 책 읽기를 좋아했다. 가정에서 의무로 성경을 읽었다. 어린 시절에 무선전신, X광선, 고주파의 전기기구 등에 흥미를 가지고 그런 책을 손 닿는 대로 탐독했다. 그러나, 방사선이나 주파수나 진동과 자력파(磁力波) 등의 일은 어느 정도 매우 정통하다 해도 그 것은 전기의 영역 한도의 것으로 그 밖의 일에 관해 생각해 보고자 하는 일은 없었다.

마음의 문제를 전기 또는 진동파의 일과 관련시켜 생각하게 된 것은 법률학교를 졸업한 해에 T 허드슨의 '초심리현상의 법칙'이란 책을 선생이 빌려준 때부터 다. 그러나 내 마음은 그 일에 대해 아직 충분히 열려 있지 않았기 때문에 그 심원한 철리(哲理)를 수용하기는 불가능했다.

그런 심리 상태 하에서 나는 그 군용열차 안에서 밤새도록 잠 자지 않고 큰 부자가 되겠다는 결심을 마음속으로 굳혔다. 하지만, 그 때, 그런 위대한 야심의 처음 원동력이 될 것 같은 차 바퀴를 시동 시켰다

적어도 그 원인을 내가 만들었다고 조금도 주목하지 못했다. 나의 생각이나 신념의 힘이 원인으로 재산이 될 것이라는 생각은 조금도 없었다.

그러나 그 때부터 즉, 마음 속으로 굳게 결심한 이후, 자신의 미지의 힘에 이끌리어 일련의 불가해한 사건이 내 몸 주위에 이어지고, 이유도 모르게 군의 신문 기자로 발탁되고, 전쟁이 끝나고 귀국하자, 일지 못하는 유력 투자은행의 행장으로부터 전보로 초대 받아 그 은행에 입행 하게 되었다.

이도 저도 모든 것이 우연한 사실의 연속이다. 은행의 처음 봉급은 적지 않은 것이지만 어떻든 돈을 만드는 기회를 잡는 일에 임하게 된 것이다. 다만 어떤 방법으로 돈이 되느냐는 것은 나에게 아직 모르는 일이다. 왠지 모르게 대망의 재산은 만들 수 있다고 마음속에 직감하고 있었다.

그리고 나는 10년도 채 안된 때, 그 돈을 모았을 뿐만 아니라, 그것은 처음 기대를 넘는 거액의 것이 되고, 마침내 그 은행의 대 주주가 됨은 물론, 몇몇 유리한 사업에도 손을 댈 정도가 되었다.

후에는 태평양 연안의 지명도 있는 투자 금융회사의 부사장이 되기도 했다. 그런 세월을 통해 나의 마음에 끊임없이 재산 이미지가 생겨 촌 시도 마음을 떠나지 않았다. 이 마음의 이미지라는 사실을 특히 마음에 새겨 두고 싶었다.

그 것은 이를 나중에 설명하려 하는,

"신념은 마술이다"고 하는 사이언스와 깊은 관계가 있기 때문이다.

많은 사람은 마음이 멍한 상태일 때, 가령, 전화 통화로 말하는 중에 옆에 있는 어떤 노트 종이 쪽지에 아무 이유를 모르는 선을 긋든가, 의미 없는 묘한 낙서를 잘한다.

나의 낙서는 책상 위의 모든 종이 쪽지에 달러 글자 $의 한없는 연속이었다. 내 앞에 놓인 서류 철의 두꺼운 표지에 그 달러 글자의 낙서가 산란하게 적혀 있다. 전화부의 표지, 메모 용지, 또는 중요한 통신 철 속에도 잔뜩 이 낙서 뿐이다.

반복하는 기술이 중요함

거듭 말하지만, 이 이야기를 특별히 기억해 두어야 할 일은 이 것이 나중에 상세히 설명하는 이른바 마술을 쓰는 사이언스의 중요한 기술이기 때문이다.

내 과거로부터 생각해 보면, 대체로 사람의 고뇌는 주로 금전 문제다. 특히 경쟁이 거친 곤란한 시대에는 몇 백만이라는 사람들이 금전으로 휘감기는 고민에 머리를 앓고 있다. 그러나 나의 사이언스는 그 밖에 모든 난제에 대해 어떤 욕구에 응용해도 유효하게 작용, 훌륭하게 성과를 거둘 수 있는 것이다.

그 한 예로서 또 하나 나의 작은 체험을 말해 본다.

"지구를 흔드는 강력 폭약"이란 팸플릿을 쓰려는 생각이 떠 올랐다. 그 것을 마음 속으로 다짐하고 있을 때, 식당 메뉴가 좋기 때문에 유명한 엠프레스 오브 저팬(Empress of Japan) 선편으로 태평양 관광에 나섰다.

오래 전부터 캐나다 및 유럽 여행에서 캐나다의 트라피스트 치즈에 특별한 기호를 가지게 되었기 때문에 선박 식탁에 앉은 때, 식당 메뉴에 그 유명한 치즈가 나오지 않아 주방장을 향해,

"그 치즈를 바라고 이 선박에 승선했는데"

하고, 아무렇지 않은 듯이 미소와 함께 중얼댔는데, 이 선박은 그 것을 가지고 있지 않아 미안하다는 아무렇지 않은 응답이다. 그러나 없다는 이야기를 듣자, 점점 응대 말없이 생각은 더 깊어질 수밖에 없다.

어느 날 밤의 일, 선객을 위한 파티가 끝나고 한밤중에 내가 선실로 돌아오자 테이블 위에 일찍 보지 못한 정도의 큰 치즈가 놓여 있는 것이 아닌가. 그 것이 트라피스트(Trappist)였다. 후에 주방장에게 들으니,

"분명 선박의 식량고에 싣지 않았는데 선창 바닥의 비상 지출용으로 빼놓은 것을 짐을 찾다가 찾아 냈다"고 하는 것이다.

그 선박에서 나의 대우는 놀랄 정도로 좋고 간부 선원과 테이블을 함께 하고, 선내 견학도 특별히 정중하게 안내해 주었으므로 좋은 인상을 가지고 계속 하와이 관광을 즐겼다. 그리고 귀항 시 다른 선박에서도 이런 대우를 받을 수 있으면 등으로 생각에 골몰할 때, 어느 날의 일, 급히 본국으로 돌아가고 싶어 티켓 매장으로 간 것은 늦은 오후, 폐점 직전으로 겨우 1장 남은 선표를 간신히 구입했다

이튿날 정각 2,3분 전에 현 측의 트랩을 올라갈 때, 나는 무심코, "유쾌한 여행이었다. 이번 돌아가는 배편에서도 어떻든 선장의 주객 테이블에 앉았으면, 메인 테이블에 앉고 싶다"하고, 혼자 말을 했다.

선박이 출항, 항 외로 나가자, 식당 종사자가 테이블 좌석을 지정할 것이니 모든 승객은 식당으로 모여 주기 바란다는 안내를 했다. 내가 좌석 담당 석에 가서 티켓을 내 밀자, 그는 이 것을 보고 내 얼굴을 쳐다보며,

"아아! A 테이블 5번입니다."고 말했다. 그 것은 선장의 테이블로, 나는 생각한 대로 선장 맞은 편 자리에 앉게 되었던 것이다.

이로부터 훨씬 뒤의 일이다. 나는 강연 등을 하고 있을 즈음, 선장으로부터 이 때의 사정을 확인하는 좋은 경우라 생각해, 편지를 써 보내자, 다음의 답장을 받았다.

"아시는 바와 같이 우리 일생은 어떤 본능적인 이러 했으면 저러 했으면 하는 생각이 갑자기 떠 오르는 일이 있습니다. 어느 날은 선장 실 입구에서 트랩을 올라오는 손님을 본 적이 있지만, 당신이 들어오시면 왠지 모르게 저의 테이블에 자리 잡으시게 하고 싶다고 생각한 것입니다.

그 밖에 다른 이유는 없습니다. 선박을 부두에 댈 때, 처음 시도로 빈틈없이 대는 일이 종종 있습니다. 그와 같은 것으로, 식관(直

觀)입니다."

이 이야기를 듣고 '신념은 마술이다'는 사실을 모르는 사람들은 선장이 나를 선택한 것은 우연의 일치라고 할 것이다. 나는 그렇지 않은 것을 확신하고 있다. 선장도 나의 사이언스를 지금은 알고 있으므로 나의 생각에 동의할 것이다. 그 때의 승객에 나보다 훨씬 등급 높은 사람들이 10 여명이 있었던 것이다.

나는 이렇다 하게 눈길 끄는 부분은 없고 군집(群集) 가운데 1인에 지나지 않았다. 그러므로 나의 복장이나 태도를 보아 판단하고, 수 백의 승객 가운데 특히 선장이 나를 선택, 대우한 까닭은 결코 아닌 것이었다.

나의 이 실용 사이언스를 설명함에 즈음해 먼저 한 마디 하고 싶은 것은 종교와 심리학 등 여러 각도에서 일찍 다루고 있던 것이 사실이다. 그러나 종교든 신비 또는 심리 기술 등의 인상이 풍기면 그런 사실을 경원하는 사람이 많다는 사실도 나는 잘 알고 있다.

때문에, 특히 기업인이 사용하는 단순한 표현법으로 말하는 것이다. 분명하게 쉬운 말로 쓰면 내 생각을 널리 많은 사람들에게 전할 수 있다고 생각하기 때문이다.

어떤 일이든 할 수 있다고 믿게 되면 그 것은 꼭 가능한 것이다. 하는 말을 들은 일이 있을 것이다. 라틴 말 옛 격언에,

"갖는다고 믿어라, 그러면 갖게 될 것이다"고 했다. 신념은 당신

의 숙원을 채우기 위한 원동력이다. 만약 당신이 병중인데, 하지만 마음속 깊이 꼭 나을 것이란 그 신념이 확고하다면 꼭 낫는 힘이 강화되는 것이다. 신앙이나 마음속 신념이 당신 몸의 외부적인 혹은 물적인 효과를 가져오게 된다.

나는 보통의 마음으로 정상 상태에 있는 사람들에 대해 말하고 있다. 불구가 된 사람이 야구 및 축구의 우수한 선수가 된다든가 보통 이하의 부인이 하룻밤 사이에 미인이 된다고 공언하는 것은 아니다. 그 것은 본래 가능성도 전망도 없는 일이기 때문이다.

그러나 놀라운 요법이 실시된 예도 있기 때문에 그런 일도 전혀 없다고 말할 수 없는 것이다. 마음의 힘에 대해 보다 분명한 연구가 쌓이게 되면, 오늘의 의학에서 불가능이라 하는 몇몇 요법으로 효과를 올릴 수 있을 것이라고 나는 확신하고 있다.

그러므로 나는 어떤 일이라도 절망이라 생각할 수 없다. 이 세상에 무엇이 일어나는지 모르는 것이다. 모든 것에 대해 밝은 기대를 하고 있으면 예상 밖의 일을 실현시키는데 크게 도움이 될 것이다.

잠재 의식에 숨겨진 신념의 힘

영국의 유명한 의학자 A 캐논 박사의 마음에 관한 저술은 세계적 논쟁의 초점이 된 적이 있지만 박사는 이렇게 말했다.

"게는 집게발을 재차 자라게 할 수 있으므로 사람도 잃은 발을 고치지 못할 이유가 없다. 스스로 마음속에서 그 것은 불가능하다고 멋대로 정해 버리기 때문에 그런 마음을 제거하면 발을 살릴 수 있을 것이다."

고, 하는 것이다. 박사의 말은 만약 잠재 의식의 내부 마음속에서 그 같은 사고 방식을 바꿀 수 있다면, 게가 집게발을 재생할 수 있는 것 같이, 사람도 발을 살릴 수 있겠다는 것이다. 그렇게 말하는 것은 엉뚱하여 적어도 즉각 신용할 수 없다고 생각할 정도는 나도 잘 알고 있다. 그러나 그런 일이 장래 절대 불가능하다고 대체 누가 명백히 말할 수 있을까?

나는 내과 및 외과의 모든 부문의 전문의들과 자주 점심을 함께 한다. 만약 그 자리에서 내가 앞의 의견을 털면 꼭 나를 정신신경

과로 데려가 검진받게 할지 모른다. 그러나 그 중에도 최근에 미국 최고의 의대를 나온 사람들은 신체 기구의 장해 및 치료에 대해서도 마음 가짐이 얼마나 크게 작용하는가에 귀 기울이지 않으려는 경향은 벌써 시대에 뒤 늦은 감이 있다고 생각 하고 있다.

몇 주 전의 일, 이웃 사람이 나를 찾아와 손의 사마귀를 떼고 싶은 뜻을 말하고 갔다. 이 사람은 병증으로 입원하고 있을 때, 할 일 없이 베란다에 나가자 거기 다른 환자가 문병객과 이야기하는 것을 또 듣게 되었다.

"자네 손의 사마귀를 떼고 싶은가? 그렇다면 나에게 수를 세게 하지 그러면 없어질 것이야"

그래서 또 이야기 들은 환자도,

"그러면 내 것도 세어 주지 않겠어요?" 하고 부탁했다. 그 후, 나름대로 이 사실을 잊어버리고 있었는데 퇴원하고 어느 날의 일, 문득, 기억이 나서,

"많았던 사마귀가 모두 자취를 감추고 말았다!"고 하는 것이다. 어느 날, 나는 이 사실을 의사 모임에서 말하니 나와 친한 지명의 전문가가 유감이라는 듯이, "바보스럽군!"하고 외쳤다.

그러나 테이블 저쪽에 있던 의대 한 교수는 나의 입장을 입증해 암시로 사마귀가 나은 실례는 많이 있다고 응원해 주었다.

2차 대전 말기, 컬럼비아 대학 의학부에서 잠재 의식과 정신 및

육체의 관계 등을 연구하기 위해 처음 정신분석이나 정신치료학(psychosomatic)과를 만들었다. 이에 앞서 수 년 전 이미 스위스 지리학자 하임이 암시로 사마귀를 제거한 일이나 또 스위스 전문의 블록 교수가 암시력을 같은 목적에 사용하고 있다고 신문 및 의대가 알려왔다.

그 후, 캐나다 명의 가르츠 박사의 소견에 의하면, 암시는 확실히 유효하고, 전염성 위루스에 의해 생기는 사마귀도 낫는다고 분명히 밝히고 있다. 캐나다 의학협회지에 발표된 박사 논문에 의하면,

"세계 각국에서 사마귀를 떼는 주술이 여러가지 실시되고 있다. 거미 줄로 조이는 경우로부터 초승달이 뜰 때, 두꺼비 알 4개를 흙 속에 묻어 두는 일 등, 여러가지 방법이 있다. 이 모든 마술은 만약 환자가 그 효과를 믿는 한 모두 듣는 것이다."고 했다.

"나는 다른 의사가 시도했으나 효과를 보지 못한 고약을 환자에게 어떤 희망을 가지게 하는 이야기를 덧붙여 발라주면 곧 치료 효과를 나타냈다. 또 X선 요법에서도 강한 출력의 스위치가 고장으로 인할 경우, 암시력이 유효하다. 계획적으로 잘못 방사한 실험으로 보면, 그 소견이 실증된다."

하고, 박사는 지적하고 있다. 이 처럼 가르츠 박사의 작업에서 '신념의 마술'이 실제로 작용, 사마귀를 고치고, 그 밖의 피부질환에도 효과가 있음은 사실이다.

텔레파시(사고의 교류)

또 어느 때, 친구 의학자들과 텔레파시 이야기를 화제로 놓고, 몇 사람 연구자와 대 과학자들도 텔레파시를 믿고 있다고 말했다. 뒤 이어 록펠러 의학연구소 A 캬렐 박사도 그 실재를 믿고 있을 뿐 아니라, 인간은 멀리 있는 다른 사람에게 생각을 방사할 수 있다는 과학적 확증이 있다는 이야기를 내가 꺼냈다.

그러자, 미국 의학협회 멤버로 전국에 알려진 1사람 전문가는 테이블 저 쪽에서,

"캬렐 박사는 늙다리 노인이기 때문에"

하고 입을 닫았다. 나는 놀라 눈을 크게 뜨고 그 폭언 자 얼굴을 보았다. 캬렐 박사는 '알려지지 않은 인간'이란 명저를 써서 노벨상도 수상한 인사이기 때문이다.

나는 의학자들을 비난할 뜻은 없다. 그보다는 여기 모인 의학자들은 매우 유능하고도 진지한 사람들뿐이고, 그 가운데 나의 둘도 없는 친한 친구도 있었다. 그러나 내가 이상과 같은 사실을 여기에

가져온 것은 일부 의학 전문가들은, 연구를 전문 분야만으로 한정, 젊은 시절에 배운 사실이나 독단적인 사고에 사로잡혀 그 것을 뒤집는 새로운 사실을 전혀 받아들이려 하지 않는 경향이 있음을 지적해 두고 싶기 때문이다.

그런 보람없는 저항은 의학계만은 아니고 모든 전문가 및 사업가 등도 같은 것으로 자기가 가진 담당 분야 외의 사실은 모르고, 자기의 좁은 상상력이 미치는 범위밖의 새 사상을 받아들이려 하지 않는 것이다.

몇 번씩 나는 그런 사람들에게 책을 빌려줄 테니 읽어 보도록 종용해도 그런 내용의 것에 흥미가 없다고 대개의 사람은 거부하는 것이다.

이 것은 확실히 하나의 역설이다. 남의 눈에 교양 높은 남성이나 여성도 정신의 위력이란 사실을 인정하지 않고, 오히려 처음부터 부인하고, 사고나 정신 등에 대해 깊이 생각하려 하지 않는다. 그러나 그들은 모두 어느 정도까지 성공하고부터 알지 못하는 사이 그 힘을 이용해 온 것이다.

되풀이 말하면, 많은 사람은 믿고 싶은 사실밖에 믿지 않는다. 혹은 자기 형편에 맞는 틀에 알맞은 사실만을 믿고자 하고, 그 것에 반하는 것은 일괄해서 거절해 버리려 한다.

우리가 사는 오늘날 세계의 문명을 만든 토대가 된 사상을 낳은 사람들은 그가 살아있는 동안 당시의 무지한 사람들에게 조소당하고 경멸당하고 십자가에 매달린 것이다. 나는 이따금 영국 소설가 M 코레리의 말을 문득 생각한다.

"많은 사람은 나태심이나 무관심 때문에 지나쳐버린 사실에 대해 어느 한 사람, 하늘이 준 행운으로 어떤 특별한 이득에 얻어걸렸다고 하면, 즉각 약자의 시샘이나 우자의 노여움을 사게 된다. 문외한은 그를 둘러싼 신비적인 마음의 세계를 분명하게 포착할 수 없다.

따라서 '마음 세계'의 교리는 그 사람들에게 있어 닫혀진 기록과 같다. 그들 자신이 펴 보고자 하지 않는 책인 것이다.

그러므로 성인들은 심원한 지식을 대중에게 공표하고자 하지 않았지만, 그 것은 일반 대중의 좁은 마음의 한계와 그 좁은 생각 때문에 진리가 왜곡되는 것을 두려워한 까닭이다. 어리석은 사람은 배우지 않은 것에 조소를 보내고 나의 어리석음을 보이는 대신에 그 웃음을 가지고 우월을 보이고자 생각하는 것이다."

그러나 세계의 위대한 연구가 및 사색가 또 많은 과학자들은 지금이야 말로 대중의 눈 앞에서 이 문제를 자유로 토의하고 그 실험 보고를 공표하고 있다. 제너럴 엘렉트릭 회사의 유명한 기사 C 스타인메츠는,

"다음 50년간에 가장 중요한 진척을 보이는 것은 정신계 즉 사념

또는 혼에 관한 것이다"

고, 공언했다. 노스 웨스턴 대학 심리학 교수 R 골드 박사는,

"우리는 인간 가운데 잠재한 영능(靈能)의 지식을 해명하는 시대의 현관에 서 있는 것이다"

고 말했다. 신비의 힘, 미지의 능력, 과학을 뛰어넘는 형이상주의(形而上主義), 마음의 사이언스인 심리학, 미개인이나 문명인의 마술 등, 여러가지 사실은 이른바 초자연의 세계가 있음을 생각하게 한다. 이런 생각은 일부 사람에게 한정될지도 모른다.

그러나 나의 결론은 그 같은 힘에 대해 설명할 수 없는 단 한 가지 사실은 그런 위대한 효과가 믿는다는 단 한 가지 사항에서 발생한다는 것은 대체 무엇 때문일까 하는 점일 뿐이다.

수익을 몇 배로 올린다

많은 오찬모임이나 기업체의 모임, 영업 사원의 모임 등에 출강하든가, 혹은 라디오 방송을 통해 수많은 사람들에게 이 사이언스를 설명해 온 이 수 년 동안, 나는 놀라운 성적을 눈 앞에서 보고 있다.

이미 말한 바와 같이 이 기술을 진정으로 그날의 영업에 반영해 온 사람들은 수익을 배로 3배로 4배로 늘리고 있다. 그 중에 몇배가 아니라 그 이상의 놀라운 실익을 올리고 있는 예도 적지 않다.

나의 보존 서류 중에 사회 모든 부문에서 활약하고 있는 사람들로부터 온 보고와 인사장이 셀 수 없을 만큼 있어, 어떻든 이 사이언스 이용에 의해, 어떤 성과를 거두었는지 실증해 준다.

한 예를 들면, 라디오 청취자에게 잘 알려진 A 잭슨은 수 년 전, 이 사이언스로 10만 달러의 수익을 올렸다고 소식을 전해왔다.

그에 따르면, 이 문제를 일찍 학문적으로 연구는 했지만 그러나 43세가 되이 자기 명의의 논이 겨우 65달러가 되고 설상가상 실직

까지 하게 되어 이 사이언스가 과연 작용되는가 여부는 후에 실제 경험해 볼 기분이 날 때까지 도저히 믿을 수 없었다는 것이다. 그 편지의 요점은,

"폭약을 담은 작은 책을 처음 손에 넣었다. 이 책은 내가 예부터 알고 있던 사실을 실제로 활용할 수 있도록 설명한 것이다. 더구나 처음 나이아가라 폭포를 보는 듯한 기분이 들었다. 그런 폭포가 있음은 전부터 알았지만 그러나 실제로 그 것을 접하는 것은 하나의 확인이다.

이 책은 내가 이미 알고 사용한 사실을 알기 쉽게 설명한 것이다. 매일 읽고, 더구나 그 것을 실제로 응용할 수 있도록 설명하고 있다. 참으로 실증하면 명료하게 되는 사항들이 가득했다.

그 효과를 현금으로 따지면, 어느 정도의 가치나 될까?

세상 사람들은 어떤 구체적인 금액으로 견적을 내보지 않으면 실제 가치를 알지 못하므로 대는 이유다. 내 대답은 이렇다. 나는 43세 때 파산하고, 가족의 식생활도 곤궁했지만 이런 경우에 10만 달러를 만든 것이다. 그리고 그 돈은 대개 보험이나 연금 등으로 불입하고 말았다.

나는 5백 달러를 차용해 개업한 사업을 3만 달러에 팔고, 앞으로 10년간은 놀고 지내도 5만 달러가 들어간 전세 집에 살고 있다. 일하면 할수록 그 이상의 수입이 된다. 이 것은 호언장담이 아니다.

최근 10년간, 실제 있던 일의 거짓 없는 실정이다. 이런 일은 일순간 또는 하루, 혹은 한달 등의 단시일에 이루어진 것은 아니다. 그러나 반드시 실현된다."

실증(實證)의 편지는 많다

1934년, 세계 최대의 경제 불황의 바닥에서 태평양 연안의 어느 대도시 사업 추진국장은 나의 가르침을 실행한 점포나 개인이 놀라운 성적을 올리고 있다는 소식을 듣고, 나의 작업을 조사한 일이 있다. 후에, 이 것을 세상에 권장하고 이어서 이런 편지를 보내왔다.

"귀하의 가르침을 사업에 응용해 성공을 거두었다는 몇몇 실험자의 진술에 기초를 두고, 귀하가 가르치는 것은 이 수 년 간에, 다른 어떤 원인 또는 사람의 힘보다 사업의 개선과 촉진을 위해 다한 공적은 매우 큰 것이라고 나는 분명하게 말한다.

귀하가 실현하고 있는 경이적 성과의 소문을 들었을 때, 그 것이 그렇게 당치 않은 것이 아니므로, 나는 그 사실에 의문을 가졌다. 그러나 조사 끝에, 그 교훈을 실용하고 있는 회사 임원이나 수입을 배가 또는 3배 증가한 세일즈맨 등의 이야기를 종합하고, 또 나 자신 스스로 귀하의 강연을 듣고, 혹은 내 스스로가 이 테마를 연구해 보고, 두려울 뿐인 동적 위력을 갖는 일은 바로 명백하게 되었다.

물론, 한 순간에 모든 사람에게 이해되는 방식의 것은 아니다. 그러나 귀하가 가르치는 것을 받아들여 그 것을 실행하는 쪽은 상사이든 개인이든 말할 것 없이 놀랄 밖에 없는 특이한 위력을 발휘한다.

귀하는 바르게 이 사실을 실증했고, 귀하가 포착해 얻은 것을 귀하가 남에게 준다는 사실은 참으로 기쁜 일이라 생각한다."

이 편지의 필자는 그 후 다른 도시 사업계에서 이름 없이 최근 이 사이언스에 대해 또 별도의 두드러진 실효를 발견했다고 알려 왔다.

이 사이언스를 구사해 경탄할 실적을 올린 사람들로부터 받은 확인 편지는 많이 있다. 대부분의 사람은 그 후, 계속 거둔 실적을 연달아 증언하고 있지만, 그 중에도 유달리 눈에 띄는 것은 미국 상이군인 원조회에서 유명한 D 퀘일에게 받은 편지다.

"당신의 사상을 받아들이는 일은 쉽지 않았다. 하지만, 드디어 이해하기까지 겨우 목표를 도달하게 한 사정이 있다. 1924년, 나는 하지 마비 때문에 지팡이에 의지해 걷는 것이 고작이라, 가까운 곳이라도 달팽이만큼의 속도 밖에 내지 못했다.

일찍 은행 임원을 한 나로서 이렇게 한가하게 살아가는 일은 참 아낼 수 없는 일이었다. 다만 내가 불구가 된 것은 전시 중의 격무 때문임을 인정받고, 정부 보상을 받게 된 일은 그런대로 위안이 되었다.

그러나 결국, 정부는 방침을 바꿔, 나를 명부에서 삭제해 곧 스스로 생계를 세우지 않으면 안 되었다. 집도 재산도 손에서 놓지 않으면 안 되는 운명의 갈림 길로 몰리고, 희망 없는 생활이 되고 말았다.

필요에 쫓기어 당신이 설명하고 주장한 법칙을 실행할 밖에 내가 살 길은 없다고 생각했다. 불구로 인해 다른 일을 할 수 없는 나는 도리 없이 매달린 보험과 회계사 일도 나를 도운 원인의 하나가 될 것이다. 지금 나는 만족하게 살고, 재산도 마련할 수 있어 성공에 이르는 길을 알게 되었다"

처음 내가 이 사람을 만난 것은 수도 가게 앞에 책상을 하나 놓고 일을 시작할 무렵이다. 그 후 매년, 일이 순조롭게 진척되어 바쁘게 작업장을 옮겨 다니는 그의 모습을 보는 일이 내게는 낙이다. 지금은 서부 대도시의 눈 띄는 거리의 빌딩 1층을 모두 차지한 발전상은 눈부시다고 할 밖에 없다. 그의 편지를 인용하면,

"세간에 도움이 된다고 하면, 그 실정을 편지에 쓰겠다. 어떻든 지금은 길모퉁이 전부를 차지하고, 사용인은 28명이다. 인근에 사무소를 짓기 위해 대지도 확보했다. 세상 모든 사람이 당신의 가르침을 실행하기 바란다고 생각한다."

회사를 파산에서 구(救)하다

필자가 이 사이언스를 수용한 것은 나중에 책으로 쓰고자 하는 이유 때문이 아니고, 처음 내가 관계한 회사를 파산에서 구하기 위한 이유 때문이다. 그 무렵, 나는 유명한 투자금융회사 부사장이었다.

회사는 경제 공황으로 막다른 곳까지 몰리고 일대 비운에 직면해 있었다. 인스피레이션에 쫓기었는지 여부는 모르지만, 나는 최초의 팸플릿을 5시간 내에 구술해 마쳤다. 더구나 어떤 노트도 참고 자료도 없이 그 것을 완료한 것이다.

팸플릿을 쓰려는 생각이 일어남과 동시에 '우주의식'이라는 말이 내 가슴 어디선가 번뜩였으나 그 때 그 것에 따로 깊은 의미는 느끼지 못했다. 다만 한 개 삽화는 남아있다.

'지구를 흔들어 놓은 TNT'를 출판하고, 그 것이 뉴욕시의 내가 모르는 부인 작가의 손에 들어간 후, 처음 우주의식의 의미를 내가 알았다. 그 것은 그 작가가 다음과 같은 편지를 보내왔기 때문이다.

"실제로 나는 이 10년간, 당신의 TNT에 적어 놓은 그 철리(哲理)를 자나 깨나 계속 생각해 왔다. 그런데 그 철리가 마침내 열차 삯 없이 나를 뉴욕에 데려가, 주당 겨우 30달러 임금을 받을 당시, 내 원고를 출판사가 사 주게 되어, 몇 차례나 유럽 여행의 기회를 만들어주고, 은 여우 목도리를 몇 개씩 살 수 있게 해 주었다."

같은 편지에서 그녀는 R 버크 박사가 쓴 '우주 의식'이라는 책을 읽도록 나에게 권장해 주었다. 그 책에 정신 속의 번득이는 빛의 체험(달리 말하면, 우주적인 광대한 양식의 자각)에 대해 놀라운 기술이 있다고 써 놓았던 것이다.

사실 나에게 그와 같은 체험이 있어 버크 박사가 특필로 설명한 사실과 전적으로 유사한 것이라 놀랐던 것이다. 이 책 처음 원고에도 '반짝반짝하는 하얀 빛'을 본 내 체험을 상세히 묘사해 놓았지만, 그 원고를 친한 친구에게 보여주자,

"이 하얀 빛은 독자에게 무엇인지 알 수 없다. 자네 머리가 어떻게 된 것이 아닌가 남들은 생각할 지 모른다"

하고, 바꿔 쓰라며 충고했다. 그러자 나는 문장을 일부 삭제하고 상태를 조금 낮추고 말았다.

그러나 '우주적 광명이든가, 의식 또는 양식'등의 사실을 아는 사람으로 이 책 처음 재료이던 팸플릿을 읽은 사람이면 가령, 내가

친구 충고에 따라 상태를 낮추어 모호하게 썼다 해도, 그 '반짝이는 빛'의 기술에 깊은 뜻을 짐작하게 할 것이다.

이 같은 나의 당시 귀중한 체험은 일생 잊을 수 없는 기억으로, 내가 지금까지 읽든가 연구하든가 한 전부에 맞먹는 한층 더 많은 지식과 이해를, 그 짧은 순간에 나는 체득한 것이다.

'우주의식'과 함께 나에게 전광석화처럼 번쩍인 것은 우리 회사가 암초에 걸리려 하는 것은 외부 세계의 사태나 사실 때문이 아니고, 회사내 임원이나 종업원의 마음 가짐이 원인이라는 사실이다.

우리는 대중이 갖는 공포심에 감염되어 여기에 압도당한 것이다. 경제불황이 모든 사람의 기력을 꺾고 모두를 재액의 심연으로 밀어 떨어뜨리려는 것을 우리는 부들부들 떨고 있는 것이다. 우리 자신의 파멸을 두려워해 도리어 스스로 자신에게 파멸을 불러오고 있기 때문이다.

그래서 나는 회사를 구하기 위해 공황과 싸우려면, 먼저 우리 사원 모두의 사고방식을 뒤집어 놓지 안으면 안된다고 생각한 것이다. 따라서 그 작업에 나서서 구술을 시작한 것이다. F 캠프란 사람이 그 팸플릿 서문에 쓴 것처럼, 그 것은 "각 사원과 전 회사의 운명을 바닥에서부터 뒤집어 놓을 정도로 놀라운 작업"이다.

마음의 사이언스에 대한 경고

내가 말하는 사실의 일부는 대학 등의 교단에 선 심리학자가 보면, 조소할 만한 일인지 모를 것이다. 더구나 그럼에도 불구하고, 현재 미국에서 몇 천 몇 만이라는 사람들이 이 사이언스가 실제로 유효하게 작용하고 있음을 매일 확실하게 현실로 증명하고 있다는 점이다.

당신 자신에게 그 것이 과연 유효하게 작용하는 가 여부가 무엇보다 중요한 문제일 것이다. 그 것을 실증하는 것은 당신 자신이 직접 시험해 볼일 밖에 없다.

이 사이언스를 실용 함에 있어 털어놓고 말하면, 어떤 식으로 사용해도 유효하게 작용하는 것이지만 반복해 특히 주의할 것은 사람을 위한 것이 아닌 나쁜 일 때문에 쓰이면 결코 안 된다.

인류가 이지상에 태어난 이래 선과 악의 2가지 미묘한 힘이 이 세상에 기능해 왔다. 둘이 모두 놀랄 밖에 없는 강한 힘을 가지고 있다. 결국 대중을 규합하는 마음의 위력인 것이다.

만약, 당신이 이 책에 써 있는 사실을 음미하며 잘 읽는다면, 이 사이언스가 얼마나 무서운 파괴력이 있으며 동시에 그 반대로, 또 건설적인 선을 위해 사용할 수 있는 위대한 힘이라는 사실을 마음으로 알 수 있을 것이다.

그 것은 물이나 불처럼 자연계의 힘과 같은 것이다. 물이나 불도 인간을 위해 크게 작용하는 이른바 은인과 같은 것이다. 그러나 어떻든 두려운 파괴력을 가지고 대재해를 가져다 준다. 건설에 쓰는 것과 파괴에 쓰는 것은 대단한 차이를 보인다.

그러므로 이 '마음' 또는 '정신'의 사이언스를 악용하지 않도록 최대의 주의를 기울이지 않으면 안 된다.

만약, 당신이 남에게 해를 끼치는 악의 목적으로 쓰면, 그 것은 아뜩해 지며 자기가 몸으로 돌아와 반드시 당신을 망치게 된다. 수세기에 걸쳐 이 사실을 역사가 실증하고 있다. 당신 주변에서도 실례를 볼 수 있을 정도다

그 것은 단지 입에 발린 말만은 아니다. 모두 사실에 기초를 둔 엄숙한 경고다.

2부

마음은 무엇인가, 그 실험

마음은 무엇인가, 그 실험

여기서 다루는 문제를 일층 분명히 하기 위해 우리의 사고 그 자체와 여기에 수반되는 현상이라는 사실에 먼저 사고를 돌려보기로 한다.

사고라는 것이 과연 무엇인가 누구도 모른다. 겨우 아는 것은 사고라는 것이 다만 정신의 어떤 작용이라는 정도다.

전기(電氣)에 대해 누구도 그 실체를 모르는 것이지만 그 작용의 현상은 여기저기서 보는 것과 같이, 사고 작용할 때 마음이 겉으로 나타나는 모습이라 하면, 여기저기서 볼 수 있다.

어린이의 행동이나 표정에서 또는 노인 내지 동물에서 사실상 모든 살아있는 것에서 여러가지 다른 정도로 마음의 표현을 보는 것이다. 사물을 사고하는 마음의 작용에 대해 생각을 돌리고 깊이 연구하면 할수록 마음이 어떻게 놀라운 위력을 발휘하는 것인지, 한계의 끝도 없이 넓고 깊은 힘인 줄 알게 된다.

이 책을 읽으면서 먼저, 당신의 주변을 돌아보기 바란다. 만약 당신이 지금 자기 거실에 있다고 하면 당신의 눈에 여러가지 세간살이가 보일 것이다.

시각이라는 점에 중점을 두고 보면 그대로이지만, 지금 조금 깊이 파고들어 생각하면, 그 세간살이는 누군가의 창조적인 작용에 따라 한 개 물건으로 만들어진 것으로 곧, 그 바탕을 이루고 있는 창작자의 착상이나 사고를 당신은 바라보고 있음이다.

가구를 만들고 창 글라스를 끼우고, 책상 덮개나 커튼 류를 만든 최초는 인간의 사고로부터 시작했다

자동차, 고층 건축, 성층권을 나르는 비행기, 재봉 미신, 작은 바늘, 그 밖에 수 백만 수 천만에 달하는 물품은 어떻게 만들어졌는가를 깊이 파고들면, 그 근원은 모두 하나다. 이해할 수 없는 힘, 사람 마음의 사고라는 사실이다.

그와 같은 완성된 물품, 혹은 우리 소유품은 모두 많든 적든 창조적 사고의 산물로 생산된 것이다. R 에머슨은,

"우리 행동의 근원은 생각, 정신이다"고 말했다.

잘 생각해 보면, 우리들 세계는 사고에 따라 지배되고 외계에 있는 거의 모든 것은 우리들 마음 속에 본래 그 대상물이 존재해 있었다는 사실이 점점 알려지고 있다.

밀어 놓고 요약해 보면, 결국, 2천 수 백 년 전에, 석가가 말한 대로 "만물은 우리 사고의 생산물이다"

사고 과정에서 만들어 낸다

당신의 일생도 당신의 생각, 곧 당신 정신의 사고 과정에 따라 만들어 낸 것이다. 당신 몸의 근육, 근골 등은 따지고 보면, 그 70%는 물로서 나머지는 크게 가치가 없는 몇 가지 화학 물질에 지나지 않지만, 그러나 당신의 마음과 생각이 당신을 현재의 당신으로 만들고 있는 것이다.

성공의 비결은 외계에 있는 것이 아니고, 당신이 가지는 인간의 '생각하는 힘'에 있는 것이다.

역사를 보면 알 수 있지만 생각 하기에 따라 약한 사람을 강하게, 강한 사람을 약하게 한 실례는 산만큼 많다. 그 같은 힘이 끊임없이 작용한다는 사실을 증거해 주는 실례는 우리 주변에 항상 보인다.

당신이 음식을 먹고 의복을 입고, 버스를 타기 위해 달리고, 차를 타고, 산책을 하고, 신문을 읽든가, 혹은, 손을 한번 드는 일조차 그 것은 손을 들고자 하는 생각의 충동에서 나타나는 거동이다.

당신 일상의 모든 행동은 가령, 그 것이 무엇이든, 그 배후에 놀라운 강한 힘으로 보이는 사고가 잠재하고 있는 것이다.

당신의 걸음 걸이 몸의 움직임 말하는 화법(話法) 옷 입는 방식 등, 모든 것은 당신 생각을 반영하고 있다. 아둔한 거동은 아둔한 사고방식을 나타내고, 빈틈없는 바른 거동은 자신에 찬 마음 속 힘을 밖으로 나타낸다.

당신의 겉 보기는 곧, 당신 내부에 잠재하는 '마음'을 이야기하고 있다. 당신 그 자체는 당신 자신 '생각'의 소산이다. 사람 신념은 곧 그 사람인 것이다.

사고는 모든 부, 모든 성공, 모든 물질적 이득, 모든 대발견과 발명, 모든 공적 등의 근원을 이루는 것이다. 그 것이 없다면, 대제국도 없고, 대재산도 긴 철도 노선도 근대 문명도 무엇 하나 있을 수 없다.

만약 우리에게 사고라는 것이 없었다고 하면, 당초의 원시시대에서 지금까지 한 걸음도 발전하지 못했을 것이다.

당신 생각 속의 중요 부분이야 말로 당신의 성격, 당신의 인생 행로, 당신의 일상 생활, 그 자체를 결정하는 것이다. 이처럼 사람 마음은 그 사람을 만들기도 하고 망치기도 한다는 의미는 쉽게 알 수 있음이다.

그리고 행위와 그를 에워싼 것은 모두 마음이 삭용한 결과로 나타나는 것이므로, 이 사실을 생각하자면 성경에 적었다.

"사람이 뿌린 씨앗은 그 사람이 거두어 들인다"하는 의미나, 셰익스피어가 말한,

"선도 악도 없는 것이다. 사람의 생각이 그 것을 만들 뿐이다"하는 말도, 물론이고, 잘 아는 것이다.

영국의 유명한 물리학자 A 에딘톤은,

"우리가 사는 우주는 우리 사상이 미치지 못하는 넓은 범위까지 미쳐, 사고의 힘에 의해 만들어 낸 마음의 산물인 것이다."고 말했다. 또 대물리학자 J 진스도,

"우주는 우리 모두의 사람 마음 바닥에 있는 것으로, 우리 마음과 함께 존재하는 곳의, 어떤 우주 정신의 사고 방식에서 이루어 낸 창조물인지 모른다"고, 깊이 음미해야 할 말을 깔고 있다.

세계 대과학자나 현대 사상가는 고대 현인의 사색을 그대로 받아 말하는 까닭에 그 사실은 곧 내가 이 책에서 설명하고자 하는 근본 원리를 확인해 주고 있음이다.

정신이라 하는 만능의 황금

인류가 처음 이 지상에 나타난 초기서부터 사고이든가 정신의 작용이라는 것이 얼마나 위대한가를 깊이 아는 사람들에 의해 인류의 교화가 실행되어 온 것이다.

위대한 종교 지도자, 제왕, 무인, 정치가 등은 위대한 사고 내지 정신력의 사이언스를 잘 이해하고, 인간이 생각에 따라 움직이고, 또 다른 사람의, 특히 나보다 강하고 보다 확신에 찬 사람의 생각에 따라, 반사적으로 움직이는 것을 잘 알고 있었다.

따라서 강하고 약동 적인 사상의 사람은 다수의 마음에 호소해 사람들을 움직이고, 때로 자유에, 또 때로 노예에 총력을 다한 것이다.

그래서 사고한다는 것은 어떤 것인가를 우리가 연구해 그 것을 깊이 이해하기 위해 최선의 노력을 다하고, 나아가 그 것을 이용하는 길을 알아, 인생의 개선에 유용하게 쓰고, 또 우리 몸 안에 있는 이 위대한 힘의 근원에, 희망과 소원을 걸어 두지 않으면 안 된다.

인류의 역사를 통해 오늘만큼 그 필요에 쫓기는 때가 없었다고 생각한다.

정신력이라 하는 것이 위대한 마력을 갖는다든가, 생각과 물질은 밀접하게 서로 껴안고 있다든가, 혹은 사념(思念)의 힘은 먼 거리에서도 사람들이나 무생물까지도 힘을 미친다는 사실을 듣게 되면 예전의 나 같으면 큰 소리를 지르고 웃어버렸던 것이다.

그러나 지금은 더 이상 웃지 않을 일이다. 또 정신이 어떤 것인가를 편린이라도 아는 사람이면 아마 웃지 못할 것이다. 지성 있는 사람이면 늦든 빠르든 사고 즉, 정신을 사용하는 힘이 전 지구의 표면을 변화시킨다는 정도의 위력도 갖는다는 사실을 인정하는 것이다.

아일랜드의 유명한 문필가요 시인인 G 러셀은,

"누구라도 자기가 생각한 대로의 인물이 되고자 생각하면 될 수 있는 것이다"고 말하고 있다. 그 증거로 러셀은 생각한 대로 대 문필가, 강연 가, 화가, 시인을 겸한 대인물이 되었다

하지만, 반드시 마음에 새겨 둘 것은 우리가 마음에 갖는 생각의 대부분은 조금도 나 자신의 것이 아니고, 결국, 스스로 생각해 낸 것이 아니라는 사실이 상당히 많다는 점이다.

사회생활 하는 중에 남에게 들은 것, 신문 잡지 책에서 읽은 것, 영화 연극 TV 등에서 시청한 것, 혹은 일상 접촉하는 여러 사람의

대화에서 뜻밖에 주워 들은 것 등에 알지 못하는 사이 영향을 받는다.

말하자면, 그와 같은 남의 생각이 끊임없이 우리에게 퍼부어지고 있기 때문이다.

그러한 외부에서 오는 일부는 우리 마음에 잠겨 있는 깊은 것과 합치해 위대한 미래 영상을 그리고 생애를 걸어가는 길을 가르쳐 주고, 크게 도움되는 것도 있다.

그러나, 그 중에 장애가 되는 것도 많고, 때로는 스스로 약해지기도 하고, 고원한 이상에서 기로에 빠지게 하는 것도 적지 않다. 우리 장애는 외부에서 들어오는 그런 여러가지 잡념이다.

어떻게 하면, 그런 장애를 방지할 수 있는가 하는 방법은 또 다른 장절에서 생각하기로 한다.

엘 도라도(El Dorado, 황금의 나라)

마음의 작용을 지배하는 인과 법칙에 생각이 미치는 사람이 적지 않다. "모든 것은 안에 있다. 밖의 것은 무엇 하나 없다"이든가, "마음은 모든 힘의 근원인 것이다"등으로, 말하는 참된 의미를 아는 사람도 많지 않다.

이런 사실을 가장 간단히 설명한 것은 일찍 '커머샬 앤드 화이난샬(상업과 재무)' 잡지라고 하여, 백 여 년에 걸쳐, 사업계 성경으로 알려진 잡지의 '엘 도라도'로 제목을 붙인 기사(記事)다.

"엘 도라도는 모든 사람의 집 문전에 가로 놓여 있다. 보물 창고는 당신의 눈앞에 있다. 행운은 손이 미치는 곳에 있다. 모두 안에 있다. 밖에는 아무것도 없다.

누군가가 우연한 요행수이거나 탐욕이거나 놀라운 솜씨로 금맥을 캐내어 매우 청명한 해로의 잔잔한 바다에 시종여일하게 배를 출범시킨 것 같아도, 그 것은 그렇게 보일 뿐이다. 사람은 모두 여유 있는 인생으로 혜택을 받았으므로 종교도 철학도 이 사실을 명언하고, 역사와 과학은 그 것을 증명하고 있다.

'모든 것을 살리고 모든 것을 넉넉하게 유지하는 것'이 자연의 법칙인 것이다. 당신은 무엇인가를 찾고 있는가? 그렇다고 하면, 그 대가를 치르고 가져가는 것이 좋다. 대가의 자원은 남아돌고 있다'

'당신이 찾고 있는 것이 귀중한 것이면 동시에 대가도 높다. 우리가 찾는 모든 것에 대해 우리 자신의 정신이라는 만능의 황금을 교환의 대가로 지불하지 않으면 안 되는 것이다.'

'어디에 그 정신이라는 황금이 있는 것인가? 그 것은 사람 스스로 발견하면 곧바로 손에 넣을 수 있는 것이다. 사람이 그 자신을 찾아보면 자유도 부도 성공도 번영도 거기에 있다. 그 것이 방언(放言)으로 들리는가?

결코 방언은 아니다. 역사와 전기 류가 그 것을 실증하고 있는 것이 아닌가? 눈을 크게 뜨면 당신 주변에 그 사실이 보일 것이 아닌가?

'정신이라는 황금을 발견한 사람 만이 실질과 영속성 있는 위력을 갖는다.

정신만이 넓은 토지와 위력과 영달을 제 것으로 만든다. 이 사실에 눈 뜬 사람들은 수요와 공급은 다만 경제상 법칙이 아니라, 정신의 법칙이라는 발견이 있다. 그 법칙은 가는 곳마다 운행되고 있다'

'미국은 오랜 동안 지상 최대의 엘 도라도다. 자력으로 성장한 사람이 자신의 사색이나 기적에 의해 자신만 아니라, 널리 인류를 풍부하게 했다. 19세기경, 이 용감한 청년들은 캘리포니아 주에서 황금을 발견하기 전, 그들 자신의 마음 속에서 황금을 찾아 낸 것이다.

J 힐 처럼 자유의 정신에 불탄 사나이 정신력은 한 사람 주민도 없는 공허한 토지에서 공허한 토지로 철도를 부설했다. 이런 광기의 평판에 의해 철도 왕국을 구축했다. 그들 힘에 의해 삼림과 평원은 몇 천이라는 엘 도라도가 되었다'

'T 에디슨은 죽기 조금 전, "착상은 우주 공간에서 온다. 그런 일은 수단 방법이 없는 믿을 수 없는 일일지 모른다. 하지만 사실인 것이다. 생각은 공간에서 떠 오른다."고 말한 일이 있다. 그 사람만큼 많은 착상을 안출(案出)한 사람도 없다.

각 자는 스스로 몸 안에 있는 엘 도라도를 찾아 내는 것이 좋다. 그 힘은 풍부하고 자원은 다함이 없다. 성당 신부의 말처럼, 받는 사람의 머리 수만큼 주어진다. 바라는 것은 힘이 아니다. 사고일 뿐이다. 만약 사람이 자기를 스스로 발견할 수 있다면, 생각은 자동적으로 엘 도라도 방향으로 돌아간다'

'스위스 의학의 비조 파라셀서스(Paracelsus)는 "인간의 정신은 누구에게도 표현할 수 없을 만큼 위대하다. 만약 인간의 마음을 바르게 이해한다면, 우리에게 있어 못할 것이 없다. 신념의 힘에 의해 상상은 촉진되고 의지력은 완성된다."고 했다. 신념은 사람이다. 개인의 것이다. 구원의 손길은 각 자가 자기를 발견할 때 온다'

'자기를 발견한 것은 완성이다. 자기 표명이 강한 남자가 미국을 이 엘 도라도로 구축해 놓았다. 자신을 아는 사람은 항상 이 엘 도라도에 산다. 그 사람은 청춘의 샘물을 마시고 항상 즐기고 싶은 모든 것을 가질 수 있다.'

이상의 문장 가운데, 파라셀서스의 말은 두세 번 읽어 맛을 볼 가치가 있다. 내가 여기 지적하고 싶은 것은 단지 열심히 일해도 이렇다 하게 사람 눈에 띌 수 있는 성공을 거두지 못하는 사람이 많다는 사실이다. 다만 크게 일한다는 사실 이외에 더 중요한 무엇인가가 필요한 것이다.

그 어떤 것 이냐 할 때, 그 것은 창조적인 사고 방식과 함께 그 것을 이루어 내는 신념이다. 역사상 보는 성공자는 그 2가지 요소에 의해 성공한 것이므로, 그 사람 수족이나 육체는 단지 그 정신을 돕는 부분에 지나지 않는다.

당신이 구하는 것이 금전이든, 명예이든, 지위이든, 또는, 지식이든, 어떤 것이라도 좋다. 무엇을 구한다 해도 그 목적하는 바를 당신 생활 속의 불타는 욕구로 계속 가져간다고 하면, 달성은 어렵지 않다.

자기 역량에 넘치는 큰 희망이라고 스스로 마음이 약해질지도 모른다. 그러나 그 것은 조금도 무모하지 않다. 믿는 일로부터 솟구치는 열기를 모아 당신의 몸속 깊이 잠재하는 힘을 약동 시키는 것이다.

그 힘은 당신을 목적의 결승점으로 이끌어 주는 것이다.

만약 당신이 기혼자라면, 일찍 그리워하는 이성을 생각한 나머지, 그 사람 마음을 끌고자, 넘치는 생각의 나날을 쌓아온 체험이 있을지 모른다. 그 일을 돌이켜 보면, 그 것은 결코 신경을 닳아 없애는 고통스러운 일은 아니다.

아마 오히려 즐거운 나날이었을 것이다. 그러나 그럼에도 불구하고, 그 때 사용한 힘은 내가 여기서 말하는 같은 사이언스(기술)로 그 것이 무의식으로 사용된 것 밖에 안 되는 것이다.

평생의 배우자를 거의 내 사람으로 만들기까지, 그 욕구는 당신 마음의 최 정점을 찍은 이유다. 그 생각, 그 신념은 아마 하루 중 각 시 각 분 각 초를 차지하고, 또 당신 꿈 속에서도 몸에 붙어 떨어지지 않았을 것이다

참으로 욕구하는 것을 결정한다

 자, 그런 사실에서 당신 일상 생활의 사고와 욕구가 갖는 중요한 역할이 어떤 것인가, 어렴풋하게 나마 알게 되었을 것으로 생각한다.
 다음은 첫 작업으로 당신의 욕구 그 자체가 정확히 무엇인가를 명백히 결정하는 일이다. 단지 무엇인가 성공하고 싶다는 막연한 개념만으로 안 된다. 분명히 마음에 그릴 수 있는 심리적으로 분명한 틀을 갖지 않으면 안 된다.
 그리고 자기가 무엇을 향해 나아가는가 먼저 스스로 물어보기 바란다. 자기 결승점은 어디인가? 진실로 욕구 대상을 눈 앞에 그릴 수 있는가? 돈으로 계산할 수 있는 것이면, 그 목표액을 숫자로 표시하면 얼마인가? 만약 어떤 작업의 성적이 목적이라면 그 단계를 명시할 수 있는가?
 내가 지금 이런 질문을 당신에게 하는 것은 이에 대한 대답이 오늘 이후, 당신 전 생애를 결정하는 인자가 될 수 있기 때문이다. 기묘하게 들릴지 모르지만 이런 질문에 답할 수 있는 사람은 백인 중 한 사람도 없기 때문이다.

대부분의 사람은 무엇을 성공하고 싶다는 사실을 막연히 생각할 뿐으로 그 이상은 전혀 애매한 것이다.

다만 오늘부터 내일로 지나갈 뿐으로, 오늘은 일이 있기 때문에 내일도 어떤 할 일이 있을 것이란 어렴풋한 생각으로 살고 있음이다.

이렇다면, 물에 흘러가는 코르크 마개 같은 것으로 여러가지 흐름에 표류하다가 여기저기 목적 없이 흘러가 물가로 오르지 못한다면, 결국 물속으로 잠기고 말 것이다.

그러므로 당신은 자기 생애에 있어 무엇을 찾는가에 대해 먼저 확실한 생각을 갖지 않으면 안된다. 어디를 향해 나아가는가 분명한 목표를 눈 앞에 보지 않으면 안된다.

물론, 그 것은 일반적인 마음 가짐으로, 다시 그 자체의 정통으로 지금 새로운 직업을 찾고 있는가, 보다 좋은 지위로 올라가고 싶은가, 새 집을 가지고 싶은가, 시골에 토지를 구하고 싶은가, 또는 단지 한 켤레 구두가 갖고 싶은가? 어떻든 찾고 있는 것에 대해, 분명한 목표가 없으면 안 되는 것이다.

욕구를 갖는 데서 스타트한다

만약 현재의 직업 때문에 자동차 1대가 있을지 모른다. 한데 사업이나 작업을 위해 필요한 것은 당연히 사무의 연장이다. 그러나 가족이나 사랑하는 사람 때문에 사용하는 것이면 특히 열을 올리고 되도록 빨리 구입하겠다고 따로 계획을 세워 노력할 것이다. 그런 사고나 노력은 지금까지 없던 일로 당신에게 새로운 의욕을 가지게 하는 이유다.

이 것은 당신의 속 마음에 새 힘을 덧붙이고 외부적으로 새로운 재력을 확보하기 위해 외계를 향한 어떤 특별 관계를 찾는 실마리를 붙이게 된다. 그런 욕구는 지금까지 없던 새로운 것으로 생활을 일변 시킬 것이므로 그 때문에 특별한 노력을 하게 되는 것이다.

결국 신념의 힘이 당신 내부에 1개 동력을 일으키고 이로써 당신의 인생에 더 이상의 가치가 생기는 이유다.

그러므로 당신은 어떤 일을 이루고 싶다든가 또 지금 현재 가진 것 이상으로 어떤 것을 얻고자 바란다고 하면, 먼저 그 욕구를 갖는 일부터 스타트하지 않으면 안 된다. 그 것이 우리 모두에게 있어 첫 시동력이 되므로 모든 것을 불 태울 정도의 강렬한 욕구가 없다면, 그 어떤 무엇도 달성할 수 없고 어떤 무엇도 얻을 수 없게 되는 것이다.

그러나 이야기를 전개해 나감에 따라 욕구 이외에도 더 필요한 것이 몇 가지 더 있다는 사실이 분명해진다. 메타 피지시안(형이상주의자)은 사고는 곧 사물이라고 말한다. 대개 그렇게 말할지 모른다.

그러나 우리 각 자로부터 보면, 자기 독특한 사고 및 상상력에 의해 사물에 생명력을 줄 수 없는 한, 그 것은 각 자에게 살아있는 것이 될 수 없다.

같은 것이라도 필요로 하는 사람과 필요로 하지 않는 사람과는 가치가 다른 것처럼, 사물에 대한 욕구도 열을 가하는 방식이나 생명력의 강약이 있어 같은 목적의 것이라도 생사에 차이가 있다.

몇 세기에 걸쳐 뛰어난 사색가들은 마음의 힘을 가지고 인간이 사건을 조성하고 물질을 지배할 수도 있다고 주장해 왔다.

내가 말하는 사이언스의 기술을 당신이 깊게 연구함에 따라 당신 자신의 마음 속에 얼마나 놀라운 힘이 잠재하고 있는가를 한층 더 깊이 인정하게 될 것이라 생각한다.

방사(放射)와 진동 그리고 뇌파

명 탐정 셜록 홈스(Sherlock Holmes)를 창작한 작가 코난 도일(Conan Doyle)은 오래도록 영국 심층심리연구학회 회원이었다. 그는 인간의 마음 속에 건설적인 힘도 파괴적인 힘도 있어, 그 것은 성경에 기록된 것처럼 '산을 움직이는 신념'과 유사한 것이라고 믿고 있다. 그의 말에,

"그 것은 바로 틀림없는 일이지만 그런 힘이 사람 마음 어디서 오는가. 또 그런 힘을 향하면 굳은 물질의 분자가 분열하는 일도 일어나지만 그러나 그 힘은 인체의 어느 부위에서 나오는가 하는 것은 알지 못한다"

하고, 그런 말을 여기 인용하면 물질주의자는 나를 조소할지 모른다. 그 것은 나도 느낄 수 있는 일이다. 그러나 지금은 레이더가 어떤 일을 하고 라디오 전파가 어떤 방식으로 목재나 콘크리트, 벽돌이나 강철 등의 견고한 물질을 침투해 가는가를 조금만 상기하면, 이 어려운 문제를 해결하는 한 개 실마리가 될지 모른다.

가령, 사념의 힘이 필경 따른다 해도 만약 그 것이 매우 **빠른** 진동수의 것이라면 견고한 물질의 분자에 영향을 미칠 수 없다고 하는 까닭은 없을 것이다.

사이코키네시스
(psychokinesis, 염력)의 실험

직업적인 도박꾼 가운데 트럼프, 주사위 던지기나, 루렛 판(roulette) 등의 승부에 강한 염력을 내면 승부 운세가 붙는다 말하고 있다.

내가 아는 지인에도 거리 매점에 들어가든가, 빠찡꼬(슬롯머신) 기계 핸들을 2~3회 돌리면 정해 놓고 최고 상품을 거머쥐고 나오는 사람이 있다. 한번은 내가 그 요령을 물어보자 그는 이렇게 대답했다.

"기분이 나지 않을 때 나는 게임장에 접근하지 않는다. 그 것은 거기 가서 이기고 올 때는 반드시 기분이 내키는 때로 한정하기 때문이다. 조금이나마 자신이 없으면 이길 수 없다고 알고 있기 때문이다. 하지만 승부에 가기 앞서 마음속에 오늘은 꼭 이길 것이란 생각이 굳게 고정된 때 이기지 못한 예는 한번도 없었다고 생각하나."

무어야 바보 같군, 하고 말할지 모르지만, 그러나 그렇게 생각하는 것은 조급한 판단이다.

유명한 대학의 심리학부에서 마음이 과연 물체에 영향력을 주는가 여부를 결정하기 위한 실험을 벌써 실시하고 있고, 그 실험 결과 그 같은 힘의 존재를 증명하고 있다. 그리고 그 것은 매우 널리 공표되고 있다.

그 같은 실험 가운데, 가장 관심을 끄는 것은 미국 듀크 대학의 것으로 J 라인 박사가 지도하는 일단의 심리학자들이 사이코키네시스를 증명한 것이다. 이 염력(念力)이라는 것은 사고하는 마음이 물체에 힘을 미치는 것을 말하는 것으로 이는 결코 무책임한 방담은 아닌 것이다.

군대 같은 데서 오락을 위해 사용하는 주사위를, 특히 실험을 위해 고안된 기계를 사용하는 이유는 사람 손으로 세공이 실시되는 것을 피하기 위함이다.

1934년 이래, 지금까지 20년간이나 실험이 실시되고, 나아가 수백만 회에 미치는 주사위가 던져진 것으로 된다. 이 실적을 보고, 라인 박사는 다음과 같이 공표하고 있다.

"실험을 실시하는 사람은 주사위에 조금도 물리적 접촉을 하지 않고 주사위 숫자가 나오는 상태를 좌우할 수 있다. 할 밖에 설명의 여지가 없다"

어떤 숫자의 면을 보이려는 일에 마음을 집중하고 던지는 이유이지만, 그 때 피실험자는 모든 물리적 접촉을 피하기 위해 던지는 기계나 주사위로부터 멀리 떨어진 곳에 서서 몇 번씩 주사위를 자유로 컨트롤할 수 있던 것이다.

몇 차례 염력 실험으로 만든 스코어를 보면, 가죽 통에 넣고 동시에 던져진 2개 주사위가 보인 수의 합계는 예부터 확립되어 있는 통계 숫자의 백만회에 1회라는 비율을 깨고, 연속적으로 몇 차례나 어느 특정 숫자를 보인 이유다.

사고는 동류의 것을 창조한다

이 사실을 수 분간 당신 머릿속으로 숙고하고 그 것이 당신에게 어떤 의미를 갖는가 하는 것을 생각해 보는 것이 좋다. 이 실험은,

"생각은 동류의 것을 창조한다"

"생각은 물체와 서로 관련한다"

"생각은 그 지향된 사물을 끌어당긴다"

등으로, 이에 유사한 말을 우리는 예부터 들어오고 있다는 의미다. 성경에서 자주 인용되는 욥(Job)이란 남자는,

"나의 몹시 두려워한 일이 나에게 닥쳐왔다"고 말했다. 가령, 우리가 공포의 생각을 아파하면 그 것은 일종의 창조력을 가지고 작용, 어떤 귀찮은 사건을 끄는 자력 같은 흡인력을 갖는 것이다. 이와 같은 의미로, 밝고 건설적인 생각은 좋은 결과를 초래하게 되는 것이다.

사고의 성질이 어떤 것이라 해도 어떻든 그 사고와 동종의 것을 만들어 낸다는 의미다. 이 사실을 잘 이해할 수 있다면, 어떻게 해

야 그 두려운 위력을 이용할 수 있는가 하는 사실도 대강 그 전망이 선다는 의미다.

  내가 이미 설명해 온 부분은 사고한다는 것은 창조하는 일로, 그 것이 지배적으로 힘을 미치는 것은 사람이 지금까지 몰랐던 훨씬 광범위한 한도까지 미치는 것이고, 그 것은 피치의 강도와 정서의 성질과 감정의 깊이와 진동의 모양 여하에 달린 것이라는 사실이다.

  이를 바꿔 말하면, 라디오 방송의 파장이나 와트 수에 비유할 수 있을 것이다. 즉, 사고의 항상성(恒常性)과 농도와 강도에 정비례하고 창조력이나 지배력을 만들어 낸다는 의미다.

  이 사실을 설명하기 위해 여러 가지 구명되고 있지만, 사고라는 것이 과연 전기 에너지의 일종인가, 아니면 어떤 다른 것인가는 좀 더 연구를 진행하지 않으면 안 된다.

  그러나 전기학계의 천재 N 테스라가 선편(先鞭)을 친 고주파(高周波)의 전기 실험을 시도한 일이 있는 나로서 방사이든가 진동 등의 일을 생각해 보면, 사고의 힘을 왠지 모르게 전기와 연결하여 그 현상과 유사한 것으로 생각하고 싶은 것이다. 그 방식이 나에게 알기 쉬운 것이다.

  이 같은 생각을 가진 것은 나만은 아니다. 과학자들은 인간의 뇌로부터 진동을 기록하는 기구를 실제로 완성하고 있다. 이 기계는 지금까지 주로 정신 건강 측정에 사용하고 있고 의사의 말에 따르면, 그 때의 감정이나 꿈 또는 먼 장래에 일어날 병증에 이르기까지 세밀하게 살펴보고 연구도 할 수 있다는 것이다.

1944년, 예일 대학 H 버 박사 등의 연구자들은 12년간의 실험 결과, 모든 생물은 몸의 주변에 전기적인 영기(靈氣)를 발산시켜 거기에 싸여 있다. 그리고 생명력은 우주의 전체 구성과 연락하고 있다는 결론을 얻었다

오랜 동안 신비주의자나 형이상주의자 등은 인간이 영광(靈光)을 가지고 있다고 주장하고 그 것을 실제로 보았다는 실례도 많이 기록되어 있다. 그러나 예일 대학의 실험 성적이 발표될 때까지 그 것을 전기성(電氣性)으로 본 설명을 나는 듣지 못했다.

예전 헤르메스 트리스메기스터스(Hermes Trismegistus) 일파의 철학자들은 진동설을 주창했다. 기하학자요 철학자인 피타고라스(Pythagoras)는 B.C. 6 세기 사람이지만, 만물은 진동에 의해 존재하고 있다고 설명했다. 그 것은 본질에 있어, 오늘의 과학자가 말하는 엘렉트로닉스(전자파)로, 모든 물질은 엘렉트론(음전자)과 프로톤(양전자)으로부터 생성된 것이란 사실이다.

결국, 전기를 띤 미립자가 끊임없이 작용하고 작용 받고 있다는 사실이다. 좋은 말이 찾아지지 않아 나는 '진동'이란 말을 쓰지만, 어떻든 전력을 가진 미립자의 주파수가 바뀌면 물질의 본체도 바

뛰는 것이다.

  물질이든가, 우리가 말하는 고체라는 것의 상위(相違)는 진동의 구성, 엘렉트론(negative)과 프로톤(positive)의 숫자 차이에 있는 것이다. 예전 연금술사가 생각한 힘의 해설도 여기 있다는 의미다.

  그들은 값 싼 금속의 분자를 비싼 것, 즉 철이나 납을 은이나 금으로 바꿀 수 있다고 생각한 것이다. 또 병증도 모두 같은 힘으로 고칠 수 있다고 생각했다.

  영국의 물리학자 루더포드(Rutherford)는 라디오 방사능 연구로 유명한 현대 학자이지만, 금속 외의 모든 분자를 좋은 것으로 바꿀 수 있다는 설을 전자파 이론으로 설명하고 있다.

인체의 전기 실험

우리 인간의 신경 계통은 진동파 만을 느끼는 것이다. 바꿔 말하면, 우리 5감 즉, 보고 듣고 만지고 맛보고 냄새 맡고 등 5가지 감각은 외계 물체가 발산하는 진동을 받아 그 것을 뇌로 전달하고 뇌가 각각의 느낌으로 해석하는 것이다.

그렇게 알면, 진동의 본질이 일층 잘 이해된다. 가령, 우리가 높은 음을 듣는다. 그 것은 음의 진동으로 전해오는 것이다. 푸르른 나무의 잎을 본다. 그 것도 단지 진동을 눈이 받는 것으로 그 것을 뇌가 받아들여 푸르른 색으로 번역하는 것이다.

더욱이 세상에는 5감이 수신할 수 있는 성능 이상의 고주파를 가지는 소위 높은 피치의 진동도 적지 않다. 그 것을 인간은 물론 감지할 수 없다. 한 예를 들면, 개가 짖는 소리 가운데 매우 높은 피치로 개 밖에 듣지 못하는 것도 있는 모양이다.

우리는 누구도 '손을 얹는 요법'을 알고 있다. 두통이 심할 때는 관자놀이를 손으로 비벼 대면 아픔이 완화되는 것이다. 이 것은 어떤 형태의 전기 에너지가 손끝에서 나오는 것이 아닌가. 성경에 그리스도가 손을 대어 병증을 고쳤다는 실례가 많이 나온다.

그 해석은 또 깊이 알려지지 않은 전기 분야, 진동 사이언스로 명백히 밝혀지는 것이 아닐까?

그리고 인간의 이 같은 전기적인 주변(周邊)은 버 박사의 주장처럼 우리 자신이 발산하는 것으로 그런 것이 모든 생물을 개별로 싸고 있는 것이다.

그런 전기가 손끝에서 또는 마음속에서 실제로 사출하여 일종 가벼운 충격을 외계로 준다, 즉, 다른 사람이나 물체 등에도 진동의 힘을 미치고 있는 것은 아닌가?

산악지방 고지대에 사는 사람은 모두 방을 지나 걷는데 어떤 금속성에 손을 대면 어쩌면 전기 불꽃이 튀는 것처럼 느끼게 된다. 이 것은 말할 것도 없이 마찰로 일어나는 일종의 정전기(靜電氣)이지만 이를 통해 보아도 인체에 전기가 있다는 사실을 알 수 있다고 생각한다.

예일 대학 연구자들의 실험을 묘사한 재미있는 그림이 있다. 전혀 상처가 없는 좌우의 집게손가락을 전류계에 연결 소금물을 채운 2개 컵에 각각 담그면 전기는 양극의 왼손에서 음극의 오른손을 향해 흐르고 전기 량은 1.5 밀리 볼트를 가리킨다.

그런데 또 하나의 그림은 2개 중지 가운데 1개 위쪽에 희미한 상처를 내고 컵에 담그면 이 때는 전극이 바뀌어 양극이던 왼손은 음극으로, 오른손은 양극으로 바뀌고 전류는 12 밀리볼트로 상승한다.

이 같은 그림을 보면, 프랑스 과학자 바라듀크(Baraduc) 박사가 일찍 완성한 '생명 계량기'를 생각하게 된다. 이 것은 종 모양의 유리 그릇 안에 가느다란 연사에 연결된 동침을 매단 것이다. 바늘 밑 유리 그릇 안쪽에 두꺼운 종이로 눈금이 있다.

이 같은 기구를 2개 나란히 놓고, 실험 자 양손의 손가락을 유리 그릇 반 인치 이내로 접근, 그 미묘한 모양으로 매달린 바늘에 마음을 집중하는 것이다. 그리고 마음 가짐 즉, 사념의 방향을 다양하게 바꾸면, 바늘 방향은 한쪽으로, 다음은 다른 쪽으로 실험자의 마음대로 움직이는 것이다. 바늘은 명령에 따라 변천하는 사고의 흐름대로 따른다는 의미다.

생물이 가지는 전기 진동

이와 유사한 원칙에 따른 간단한 실험이 또 하나 있다. 보통 종이를 3인치 각도로 자르고 끝에서 끝으로 대각선을 만들어 접어 갠다. 그 후 그 종이를 열어 또 한 개 다른 대각선의 접은 금을 붙인다. 결국, 2 대각선의 접은 금이 중앙에서 맞닿는 것처럼 한다는 뜻이다.

다시 종이를 펴면, 그 것은, 위에서 눌러 절반이 눌린 피라미트 모양이 된다는 뜻이다. 그래서 긴 바늘을 하나 콜크 가운데를 통해 바늘 끝이 1인치 정도 콜크 위쪽에서 돌출하도록 한다.

바늘에 찔린 콜크를 바늘 끝을 위로 하고 거꾸로 엎어 놓은 물 마시기 컵 위에 놓는다. 이 장치는 그 바늘 끝 위에 놓은 종이도 다시 그 위에 장식한 양쪽 손바닥도 자유로 움직이게 하기 위한 것이다.

그래서 피라미트 형의 종이를 잡고, 접은 금이 마주친 점을 바늘 끝에 올려, 피라미트의 4변이 밑으로 늘어지게 균형을 잡는다.

콜크를 받침으로 한 바늘이나 그 위의 종이 등 모든 것을 올려놓은 그대로의 유리 컵을 바람 없는 방 테이블 위에 놓아 둔다. 스토브나 창 등을 피하고 열이나 바람이 통하지 않는 곳을 선택한다는 뜻이다.

그리고 양쪽 손 바닥을 종이 주위에 컵을 엎어 놓은 것 같은 모양으로 꾸민다. 손 또는 손가락과 종이 사이는 반 인치 정도 떼어놓고 종이가 자유로 회전할 수 있게 여지를 남겨 놓는다. 처음 종이는 비척비척 흔들린다. 아마 처음은 한 쪽으로, 다음은 다른 쪽으로 느릿하게 움직일 것이다.

그러나, 손을 꼭 잡아 움직이지 않게 유지하고, 어느 한 쪽으로 운동하게 생각을 집중하면 종이는 그렇게 회전하고 마침내 바늘 끝을 중심으로 급속히 회전하게 되는 것이다. 만약 마음속에서 방향을 바꾸면, 종이는 당신의 생각대로 한 쪽의 운동을 그치고 반대 방향으로 돌기 시작한다.

물론, 당신의 호흡으로 종이 운동을 돕는 듯한 일을 하면 안 된다.

종이가 회전하는 원인에 대해 여러가지 설명이 시도되고 있다. 양손의 열파(熱波)라든가, 혹은 또 인체에서 나오는 어떤 교류든가 등이, 종이가 만약 한쪽만의 운동을 하는 것이라면 그 설명으로 족할지 모른다.

하지만, 실험자가 조금 연습을 거듭하고 자신을 가지며 생각을 집중하면, 처음 종이를 회전시키고 계속해 생각을 반대로 해 종이를 반대 쪽으로 회전시킬 수 있기 때문에, 이 원리는 앞에서 말한 '생명계량기'와 같다는 사실은 분명하다.

또 하나 유사한 실험이 있다. '다이아레트'라는 판지의 작은 원반에 시계 판과 같이 1~12까지 숫자 쓴 것을 사용한다. 이 것은 옛날 독일 호족(豪族)들이 장수법이나 연금술에도 관심을 기울인 비밀 결사의 장미 십자가 만든 원반으로, 로지그루시안 다이아레트(Rosicrucian Dialette)라 부르는 것이다.

날카로운 바늘을 원반 한가운데 꽂고, 그 정점에 얇은 종이를 화살 모양 세편(細片)으로 잘라 잘 균형을 잡아 얹는다. 원반은 물을 채운 컵 위에 놓고 바늘 밑은 그 물속으로 잠기게 한다. 실험자는 양손을 컵, 원반, 화살 등 모든 것 위를 덮는다.

그리고 화살을 향해 회전을 명하며 생각한 숫자 위에 보내기도 하고 멈추게도 한다. 그러나 이 실험은 누구나 즉각 성공한다고 한정할 수 없다. 사념의 집중력이나 투사력은 사람에 따라 여러 모로 다르기 때문이다.

만약 우리 손이나 손가락에서 일종의 전기가 나와 여기에 동력적 또는 자력적인 일종의 진동이 있고, 더욱 그 것이 우리의 의식적 또는 무의식적 생각에 기초를 두고 여러 모로 바뀌는 것이라면, 테이블 리프팅(염력으로 테이블을 움직이는 실험으로 유럽 심령회

에서 실시함)이나,

자동서기(自動書記)나 플랜셰트(planchette), 운수를 점치는 판이나, 위저(Ouija) 판, (강신술에 쓰이는 것,) 그 밖에 영매(靈媒)가 신비 모임이나 심령 모임 등에서 행하는 여러가지 불가사의한 사실 등도 해석이 가능한 이유다.

예일 대학 실험에서는 모든 생물은 스스로 발산하는 전기적 분위기에 에워 쌓인 사실을 실증하고, 듀크 대학에서 사고나 염력은 물체를 움직이는 것이라는 사실을 실증하기 위해 여러가지 실험을 진행하고 있다. 그런 사고 방식을 뒷받침 하는 사실을 지금 하나만 여기 들어보도록 한다.

웨스팅 전기회사 조사(調査) 기사 P 토마스 박사는 미국 기사협회에서 다음과 같이 말했다.

"우리가 어떤 일을 하고 있을 때, 이야기를 하고 있을 때, 사물을 생각하고 있을 때는 언제나 꼭 어떤 방사가 실시되고 있다. 그 방사는 전기적인 것이라 생각한다. 가까운 장래에 우리는 인격 또는 염력의 방사를 전기 반응으로 포착, 그 것을 해석할 수 있게 될 것이다.

멀지 않아 그 해결을 볼 수 있는 시기가 올 것이라는 기대를 가질 수 있게 되었다."

생각의 방사(放射)에 대해

생각의 방사라는 사실을 분명히 알려주기 위해 간단한 설명을 시도해 본다. 연못 수면에 던진 작은 돌은 물에 닿음과 동시에 잔물결 원형을 사방으로 계속해 보낸다. 잔잔한 물결은 끝없이 넓혀 나가 마침내 물가에 이르고 보면 없어지는 것으로 보인다.

던진 돌이 크면 클수록 그만큼 물결도 높고 크다는 뜻이다. 크기나 무게가 다른 2개의 돌을 동시에 2개가 근접한 곳으로 던지면, 2개가 같이 물결을 내고 그 것은 어디서인가 겹쳐진다. 우리 눈에 보이는 한, 만약 2개 파문이 같은 크기라면 둘은 만난 곳에서 멈추든가 융합해 버린다.

그러나 만약 한쪽 파문이 다른 쪽보다 크면 큰 것이 작은 것 위를 넘어 작은 파문의 흔적 위를 더욱 멀리 파급해 간다.

이 사실을 우리 마음의 파급 력과 견주어 생각해 볼 수 있을 것이다. 하나의 보다 큰 생각은 다른 생각의 파급을 막든가, 또 그 것을 압도하고 마는 것이다. 한층 더 강력히 집중된 생각은 속도도 빠르고 진동도 크기 때문에, 그 것 만으로 약한 진동도 밀어붙이고, 일층 빠르게 그 창조적 임무를 수행해 나아간다.

사고의 여러 단계, 결국 의식의 깊이, 생각의 집중도, 신념의 강약 등을 듣든가 읽든가 한다. 그 것은 외계에 내보내는 힘의 농도나 강도를 의미하기 때문이다.

창조적인 힘이 나오게 되는 것은 생각이 훌륭하게 숙성된 때, 혹은 마음속에 사물의 선명한 이미지가 그려졌을 때, 말을 바꾸면, 욕구의 목적인 집, 자동차, 전기 기구 등, 물품의 그림이 마음 눈으로 분명히 보일 때다.

그 때 비로서 그의 욕구를 실현시킬 창조력이 나오게 되는 것이다.

나는 여러 가지 이른바, 신비적 종교의 교리나, 여러 가지 심리 사이언스 기술이나, 정통파 교회의 가르침 등도 연구했지만, 그 것은 모두 각자의 천분과 역량의 정도에 따라 효력을 갖는 것임을 알았다.

어떻든 그 신자 개인이 갖는 신앙 내지 신념의 강약에 따라 듣는다는 의미다. 기도의 효과도 이와 같아 교회의 권고로 기원을 하든 또는 개인이 자발적으로 남모르게 기원하든 같은 사실이다.

일찍 '토요 문학 평론'지에 T 사글이란 사람이 글을 썼다. 이에 따르면,

"정신 치료 운동은 급속히 발달하여 지금은 여러 곳에서 유행하고, 남녀 함께 경탄할 수밖에 없는 효과를 거두고 있다. 어느 62세 부인은 반신 불수에 손가락은 관절염으로 굽었지만, 인도 요기(요가 행자)가 실행하는 호흡법에 의해 완전히 건강을 회복했다. 그 후, 그녀는 보기에 40세 정도로 밖에 보이지 않았다.

또 한 사람의 부인은 신비적인 심리요법으로 좋은 결과를 거두고 자기 나이보다 15세나 젊게 보이게 되었다. 또, 은퇴한 전도사로 12년간이나 심령 실험을 계속하고 있는 사람도 놀라울 정도로 성과를 거두고 있다."

이런 사실에서 나는 오직 한 가지 결론을 얻는 것이다. 곧, 모든 기구, 신조, 종교 유파 등은 모두 그 자체보다 오히려 각 개인의 굳은 신앙이나 신념을 원인으로 하여 효과를 나타낸다는 점이다.

즉, 내가 말하는 '신념은 마술이다'는 사실이 입증된다는 의미다.

잠재 의식을 가설(假說)한다

　오스트리아의 유명한 심리학자 프로이트의 저술은 오늘날 정신 신경계 의사의 교과서 같은 것이 되었지만, 세계의 주목을 받고 있는 이 사람의 가설은 이런 것이다.
　"우리 마음 속에 어떤 강력한 것이 있어 현재까지 그 힘은 마음 속 하나의 명확하지 않은 부분으로 확실한 설명을 할 수 없다. 의식하고 있는 마음과 전혀 다른 것이다. 그것은 우리의 사상, 감정, 행동의 원천으로 부단히 작용하고 있다."
　다른 학자는 우리 정신 생활의 이 부분을 혼이라 부르고, 위 뒤쪽의 척추 앞 부분이라 한다.
　또 다른 사람들은 그 것을 초자아, 무의식, 잠재 의식 등 여러 용어로 부르고 있다.
　그 것은 뇌수와 같은 하나의 기관도 아니고, 육체적 물질도 아닌, 과학자도 아직 인체 내부의 어디에 그 것이 존재하는지 하는 분명한 사실을 아직 확실히 밝혀내지 못하고 있다.

그럼에도 불구하고 그 것이 실재하고 있음은 명백하여, 유사 이래 인류는 그 것을 실존하는 것으로 생각하고 있다.

예전 사람은 이 것을 '영혼'이라 불렀다. 앞에서 이름을 말한 스위스 파라셀사스는 의사(意思)로 이름을 붙이고, 다른 사람들은 정신의 일부라 하여 뇌수의 부속물로 보고 있다.

또 일부 사람은 양심이라 하여 '육체 속의 남모르는 작은 소리'의 주인공이라 하고 있다. 또 어떤 일부 사람들은 우리 모든 인간에 연결된 최선의 지혜인 신(神)의 일 부분이라고 주장한다. 그러기 때문에 우주심(宇宙心)이라 이름 붙여, 모든 인류와 동식물에까지 널리 퍼져 있는 것이라 하고 있다.

어떤 이름으로 불러도 상관없다. 나는 그 것을 잠재 의식으로 이름 붙이고 싶은 것이다. 그 것은 사람 생명의 에센스로 그 힘의 극한은 지금까지 불명한 것으로 되어있지만, 그 사람의 한 생애를 통해 온종일 결코 잠 잘 수 없는 것이다. 어떤 큰 위험이 나타나면, 반드시 그 사람의 인명 구조에 적극 착수한다.

눈 앞에 어떤 괴이한 것이 가까이 오면, 그 것을 알려준다. 우리 힘 가지고 도저히 불가능한 것조차 어찌하면 해결해 준다. 여러가지 방법으로 우리를 인도하고, 만약 이 것을 정당히 이용할 수 있다면, 우리에게 모든 기적도 일어나게 해 준다.

색관적으로 그 것은 명 빋은 대로 일을 수행한다. 즉, 이지(理

知), 현재 의식이 명령하고 간청하는 것을 해 주는 것이다. 주관적으로 대부분 그 스스로의 발의로 행동하고 있다. 혹은 외부에서 받는 인상의 반동일지 모르는 어떤 행동이라도, 어떤 원인의 자발적인 것이라 보이는 것도 있을지 모르고, 어떻든 상세한 사실은 아직 알지 못한다. 물리학자 A 에딘톤은,

"내가 믿는 바에 따르면, 정신은 일군의 원자를 변개(變改)하는 힘을 가지고, 원자운동을 좌우하는 일도 있다. 또 세계의 경향은 물리적 법칙에 따라 운명 지어진 것이 아니라, 인과율이 아닌 자유의지에 따라 변경을 받아들이는지 모른다."고 말했다. 이 사상은 잘 음미하면, 이 것은 경이(驚異)에 값 하는 사고방식이다.

오히려 엘렉트로닉스 또는 진동이론의 선에서 생각하는 편이 알기 쉬울 것이다.

이 문제를 연구하는 학도들은 잠재 의식과 직접 연락을 붙이면, 얼마나 놀라운 일을 거두는가를 알고 있다. 몇 만이라는 사람들은 이 세계의 재산이나, 권력, 명성을 얻기 위해, 먼 예전부터 이 잠재 의식을 사용해 온 것이다.

또 육체의 병증을 고치고, 인간의 모든 무수한 난제를 해결하기 위해 사용해 왔다.

잠재 의식의 실용 법

 당신이 취할 유일한 길은 이 위력을 믿고 내가 이 책에서 설명하는 사이언스를 기술적으로 사용하는 일이다. 혹은, 당신 자신이 구사하기 위한 당신 방식의 어떤 방법을 발견하는 일도 좋을 것이다.

 미국의 단평(短評) 기자로 일찍 유명했던 D 스리스의 생각은 잠재 의식이라는 것은 중요한 것으로, 착상할 때의 도움이 될 뿐만 아니라, 둔 곳을 잊어버린 도구 등을 찾아 주기도 한다고, 나에게 말했다.

 스리스는 그 때, 도심에서 멀리 떨어진 산간에 살고 있으며, 단평의 명필을 날리는 한편, 전원의 논밭을 일구고 있었다.

 그는 잠재 의식을 깊이 연구했고, 이 사실을 가지고 나와 더불어 여러가지 논의를 진행했으며 서신을 교환하기도 했다. 다음은 그 편지의 한 가지 예가 된다.

 "잠재 의식이란 놀라운 대상으로 세상 사람이 왜 좀더 이를 연구하고 일상생활에 이용하지 않는지 나는 이해할 수 없다. 나로 말하면, 그 도움으로 몇 천 번 도움을 받고, 난관을 무사히 돌파 했는지 모른다.

특별히 관심을 끌 수 있는 기사의 착상만 해도, 나무 뿌리를 캐내는 그 원시적 작업의 진행 과정에서, 느닷없이 머리에 떠 오른다.

잊혀 진 도구류를 찾아 내는 일 등은 당연히 장기이다."

"여기서 무엇이든 참으로 없어지는 것은 없다. 놓아둔 장소를 착각했을 뿐이다. 착각했든가, 잘못해 떨어뜨리든가 어떻든 간에, 어딘가 있어야 할 곳에 있을 것이 틀림없다.

나는 잊어버린 물건을 찾을 때, 나의 잠재 의식이 어느 곳을 찾도록 암시를 해 준다. 그 곳에 가서 찾아 낸 일이 몇 십 번 인지 모른다. 방법은 이렇다. 가령, 포켓용 나이프를 잊었다고 한다. 내 것은 매우 큰 것이지만, 그 것을 어디 잘못 놓았든가, 떨어뜨렸다고 하면, 그 경우 나는 이렇게 말한다.

'포켓 나이프야 너는 지금 어디 있는 것이냐?' 그리고 잠깐 눈을 감는다. 또는 공간을 멍청히 바라본다. 하면, 답은 대개 즉석에서 나온다. 올 때는 반드시 섬광처럼 번쩍이며 온다.

나를 나이프가 있는 곳에 곧장 데려간다. 잠재 의식은 틀림없이 작용한다. 큰 자귀나 갈퀴, 그 밖에, 나는 언제나 그 곳에 놓아둔다. 아는 것처럼 신문 출신은 깔끔하지 못하니까"

"나는 어디서 이런 요령을 익혔는지 모르지만, 이야기 줄기가 또는 어떤 일순간 잊어버린 것을 찾고자 할 때, 나는 느긋하게 몸을 풀고 머리를 들어 오른 손을 1~2인치 정도 이마 위로 가져간다. 어쩌면 눈을 감든가 멍하게 공간을 바라본다. 이 같은 잠깐의 잔꾀가 공들인 보람이 있다."

"발명이나 대 작곡, 시, 소설, 그 밖에 독창적 노작(勞作)의 큰 사상 등은 모두 잠재 의식에서 오는 것이다 하는 사실을 잊어서 안 된다. 잠재 의식에 사고와 재료를 주어, 마음속 욕구를 덧붙여 자기 좋을 대로 작업을 한다고 생각해 보라. 반드시 성과가 오를 것이다."

"옛 사람의 말이지만 우리가 직조하기 시작하면 신이 실을 보내 주는 것이다. 거짓이 아니다. 이 힘에 의지해 작업을 시작하면 마술사의 손이 움직이는 것처럼 자동적으로 사물은 그에 적합한 장소에 가만히 수습되고, 만사는 잘 진행한다.

그리고 성과는 놀라운 절차로 그에 이어 나오는 것이다. 완성에의 착상은 여기 저기서 샘솟는다. 우연히 샘솟은 것처럼 보이는 것도 결코 우연이 아니다. 직조 하기 시작할 때와 똑 같은 형태의 작용이 이어지고 있는 것이다"

"몇 천이나 되는 남녀 성공자들은 잠재 의식 같은 것 전혀 알지 못하고, 이름을 날리든가, 또는 경탄에 값을 하는 성과를 거두는 것이라고, 나는 확신하고 있다. 성공한 것은 잠재 의식의 힘 때문이란 현상을 본인이 몰랐던 것뿐이라는 사실이다"

"산간에서 세간이나 일상의 번거로움을 떠나 살며, 대 자연 속에서 생활하는 사람들은 누구보다 잠재 의식을 이용함에 있어, 좋은 처지에 있다고 느끼는 때가, 나에게 이따금씩 있다. 잠재 의식의 일대 위력이 우리 생활을 버티게 하고, 동시에 우리를 지배하는 가장 위대한 힘이란 사실을 과학이 증명할 날이 언제인가 반드시 올 것이라고, 나는 굳게 믿는다"

사람의 위급을 구(救)하는 힘

머릿속을 통과해 지나가는 순간적인 사상의 번득임, 등은 거의 발생하자 곧 숨지는 하루살이와 같은 것이다. 겨우 나중에 가서 긁어 모아 한 개 힘이 되는 재료 정도의 가치밖에 안된다.

그러나 잠재 의식은 한 개 큰 기구로서 그 것을 동원하는 힘은 지속하는 염력 혹은 이미 설명한 마음속 분명하게 고정된 이미지(영상)다.

잠재 의식을 동원하기 위해 이성 곧 현재 의식의 파동 속도를 높이는 방법도 여러가지가 있지만, 때로 겨우 한 마디 발언, 한 사람이 다른 사람에게 주는 간단한 주고받는 말과, 이에 따르는 눈짓 등으로 잠재 의식은 곧 활동을 시작하려 하는 일도 있다.

또 일대 재액의 위험이나 일대 위험의 바로 직전, 비상시 등, 독거(獨居)할 때와 남과 사귈 때를 막론하고, 즉각 어떤 행동을 일으킬 필요가 있을 때 잠재 의식이 갑자기 움직여 준다. 거의 순간적으로, 속단을 내릴 수 있는 사람을 돕고자 하는 것이다.

여러가지 착잡하고 모순된 사고를 현재 의식에서 제거하면, 잠재 의식 활동이 시작되는 것이다. 심사숙고는 그 한 가지 경우다.

마음에 이미지를 만든다

　잠재 의식을 활용하는 가장 유효한 방법은 마음에 영상을 그리고 이미지를 만드는 일이다. 상상력을 충분히 작용시켜 욕구하는 물품 또는 희망하는 지위 등 실제 욕구하는 그것을 거침없이 여실한 모양, 완전한 영상으로, 마음의 눈으로 보는 일이다.

　세간에서 똑똑히 눈으로 보는 것 같다고 흔히 말하지만, 그 말 그대로 생각하는 사항을 눈으로 보는 것이다.

　그러나 가장 오래 유지하는 계속적 효과는 신앙 즉, 신념에서 일어나는 것이다. 이 신념의 힘으로 기적이 일어나, 자주 설명할 수 없는 불가사의한 현상이 나타난다. 내가 말하는 것은 깊은 곳에 뿌리 내린 신앙, 당신 전 육체의 뼈나 피에 넘쳐나는 적극적이고 굳은 신념, 마음도 넋도 다져 넣은 신념이다.

　이 것을 감정의 고조, 영의 힘, 전기적 진동, 어떻게 부르든, 그 것은 당신 뜻이지만, 그 힘이 흡인 법칙을 운행 시켜, 계속 생각한 사실을 물체와 연결하는 것이다.

신념은 마음이나 사고의 주파와 속도를 변경시켜, 위대한 축전지처럼 잠재 의식을 시동 시켜 당신의 전신을 에워싼 영광(靈光)을 변용하고, 주위의 모든 것에 힘을 파급, 어떻게 하면, 멀리 있는 사람이나 물체까지도 움직일 수 있는 것이다.

당신 개인의 생활 환경 가운데 설마 이런 일이 하고, 몽상도 하지 못한 어떤 경탄할 일이 일어나는 것이다.

성경 같은 것에 그런 사실이 많이 나와 있다. 종교단체, 결사, 정치 집단 등의 입회 조건 등에도 그런 사실을 적어 놓은 것이 있다. 이르는 곳마다 신조를 위해 싸우는 사람을 찾고 있는 것이다.

강한 신념의 진동파에 쌓인 사람이야 말로, 어떻게 하면 기적적인 일, 우리가 흔히 '믿을 수 없는'이라 말하는 일을 이루어 내는 것이다.

그와 같은 신념은 마력의 번득임을 보여준다. 문명인도 야만인도 역사 이래 이렇게 그 것을 마술의 토대로 계속 유지하고 있는 것이다.

3부

잠재
의식이란 것

잠재 의식이란 것

프랑스 심리학자로 '무의식에서 의식으로'라는 책의 저자 G 게레는,

"미술가, 과학자, 문호 등은 가령, 자기 분석을 해 보지 않은 사람이라 해도 잠재 의식이 얼마나 중요한 것인가 하는 것을 잘 알고 있다. 그 같은 중요한 체험을 갖지 않은 사람은 아마 없을 것이다"고 말하고, 또 이렇게 덧붙였다.

"현재 의식과 잠재 의식이 잘 어울려 함께 작용하면 인생 최대의 성공이 약속된다. 그럼에도 불구하고 전 세기까지 잠재 의식의 심리적 연구는 전혀 돌아보지 않았다. 잠재 의식은 병증이 있을 때 또는 어떤 사고 때에 느닷없이 나타나는 이상 현상이라 생각되고 있다"

그러나 나의 이 책에서 잠재 의식은 가장 중요한 역할을 하는 것이다. 그러므로 만약 그 분명한 형태를 정확히 머리에 그리고, 그것이 몸 속 어디에 있고 그리고 단독으로 또 현재 의식과 힘을 합쳐

어떤 방식으로 작용하는가를 알고, 그 본질을 파악할 수 있다면, 내가 말하는 사이언스를 빠르게 몸에 붙일 수 있을 것이다.

　이 장에서 말하는 재료의 몇 부분은, 지금부터 다음 장에 걸쳐 몇 차례 반복될 것이다. 이 사이언스의 중요 기술의 요점은 반복하는 일이고, 또 반복 설명하는 것으로써 이 사이언스를 효과적으로 몸에 붙이게 될 것이다.

　특히 이 사이언스를 빠르게 이해하면 할수록 그만큼 빠르게 당신은 욕구 달성의 길에 나갈 수 있고 그 길을 훌륭하게 걸어갈 수 있을 것이다.

반복이 중요하다

먼저, 잠재 의식을 머릿속에 하나의 그림으로 확실히 스케치하기 위해 어느 정도 과학적 용어를 사용하지 않는 이유로 가지 않는다. 그 것은 잠재 의식은 세계 위대한 심리학자의 연구나 실험 끝에 드디어 전체 윤곽이 명백해진 때문이다.

따라서 만약 다소라도 이해하기 어려운 부분이 있다면 반복해 읽고 고쳐 주기를 바라는 것이다.

반복해 읽으면 반드시 명백 해 질 것이다. 또 이로써 이 사이언스의 핵심으로 다가갈 수 있고 중요한 토대가 구축될 수 있기 때문이다.

내가 이 잠재 의식을 생각하기 시작한 것은, T 허드슨의 '심리현상의 법칙'을 읽은 후부터 다. 잠재 의식이 어떤 방식으로 각 개인의 일상생활에 도움이 되고, 어떤 위대한 과업을 수행했는가를 알게 되었던 것이다. 그 일 역시 많은 명저(名著)를 읽고 다시 인식을 깊게 할 수 있었다.

나는 현재와 잠재의 2가지 의식의 본질을 당신 머릿속에 분명하게 묘사해 주고, 그 둘의 관계나 작용을 학자들의 최근 발견과 견주어 가며 설명하고, 또 당신이 그 것을 어떻게 취급, 당신 욕구를 채울 뿐 아니라, 어떻게 도움 받는가 하는 점에 대해, 올바른 설명과 초보 지도를 할 참이다.

"만약 의식 속에 성공하겠다는 욕구가 있다면, 누구나 반드시 성공할 능력이 잠재 의식으로 몸 속에 잠 자고 있다는 의미다."

이 것은 '잠재 의식은 말한다'란 책을 쓴 저자 P 훼렐과 그의 딸이 한 말이다. 이런 능력이 달리 유례를 찾을 수 없는 불가사의한 사실은 예부터 잘 알려진 바 있다. 그러나 1세기 전 일이라, 마침내 심리학자들의 특별 연구나 실험 대상이 되어, 결국, 잠재 의식이라 불리어 지게 된 것이다.

아마 미국 철학자 에머슨도 인간의 마음이 2개 구성 부분으로 이루어진 사실을 알고 있었을 것이란 의미다. 그 것은 에머슨이 다음 사실을 썼기 때문이다.

"내 마음의 한 가지 상태가 다른 하나의 상태를 전혀 기억하지 못하고, 인정하지 않았다는 사실을 알았다. 1년쯤 전에 쓴 나 자신의 문장도 그리고 그 것을 정정한 사실도 전혀 내 기억에 없는 것이다. 그와 유사한 사실을 지금 쓰고자 해도 쓸 수 없다.

더욱이 그 것이 내가 쓴 깃이라는 시실은 몇 가지 외부저 증거가 보여주고 있다. 즉, 내 자필의 초고 가운데 그 것이 발견된 점, 또, 내가 그 복사를 친구들에게 보냈다는 상황 판단 등에서 겨우 발견 될 뿐이다."

두 의식의 특색

 지금 현재와 잠재의 두 의식이란 것이 널리 알려지고 있다. 그리고 우리가 두 마음을 가지고, 그 하나하나에 확연히 알려진 독특한 성질이나 능력이 있어, 각각 그 경우의 사태에 따라 독립 행동을 한다는 사실도 알려지고 있다.

 분명히 알 수 있는 것은 현재 의식이 뇌 속에서 기능하고 있다는 사실이다. 당신이 무엇인가 열심히 사물을 생각한다고 할 때, 그것이 뇌 속에서 행해진다. 그렇게 느껴지는 것은 별로 어려운 사실이 아니다.

 어떻게 하면 그 생각은 복잡하게 얽힌 상당히 번잡한 일이기 때문에 크게 피로해지기 쉽다. 더욱이 오랜 시간에 걸쳐 생각해 온 것이므로 마침내 머리가 아프고 눈도 피로하고 관자놀이가 욱신욱신 하는 일도 있다.

 또, 그런 식으로 생각해 내는 원인은 무엇인가 하는 점을 알아 내는 일도 그다지 어렵지 않다. 그것은 무엇을 본 일, 들은 일, 또는 읽은 일 등이 원인이다. 어떤 과업의 일이든가, 혹은 가정의 옥신각신 일 경우도 있을 것이다. 또 오랜 동안 생각해 온 문제의 연속일지 모른다.

어떻든 간에 요는 무엇인가 이미 마음에 가지고 있던 것과, 그 것을 관련시켜 생각해 보는 것이 가능하다는 의미다.

때로 어떤 어려운 문제의 해결에 전력을 기울여 몰두한 까닭에 사고력이 매우 피로하고 더욱 해답이 끝내 찾아지지 않아 절망하고, 모든 것을 체념하든가 포기하든가 하는 일이 있다. 결국 의식적으로 무리하게 그 것을 깨끗이 마음에서 방축해 버리는 일이 있는 것이다.

그런 체험은 가령, 괴로운 문제 등으로 고민에 빠진 나머지, 이 것이 머리에 달라붙어 떨어지지 않기 때문에, 아무리 해도 잠 들지 못하는 밤에 자주 있는 일이다.

당신이 그래서 지금까지 생각한 일을 두뇌에서 떼어버리고 나면, 그 것은 즉시 어디로 잠겨버리고, 당신 몸 속 어느 밑으로 물러가는 느낌이 든다. 하면, 마음의 긴장도 곧 감퇴되고 곧 잠에 떨어지고 말 것이다.

이튿날 아침 눈을 뜨고 일어나면, 다시 간밤의 난제를 생각해 낸다. 하면, 홀연히 당신 눈 앞에 어제 풀지 못한 난제의 영상이 떠 오른다. 하지만, 놀라운 일은 어느 틈에 문제가 깨끗이 해결되었을 뿐만 아니라, 나아가 당신이 어떤 행동을 취해야 좋을지 중요한 지시도 여기 포함되는 것이다.

간밤에 괴로워한 난제는 당신이 의식에서 뿌리친 후에, 대체 어디로 갔다는 말인가? 또 체내 어떤 힘으로 그 어려운 문제가 해결되었다는 말인가?

대부분의 작가, 웅변가, 미술가, 작곡가, 아이디어 맨, 발명가, 그 밖에 창조력에 의해 작업을 수행하는 사람들은 훨씬 오래 전부터 의식적 혹은 무의식적으로 잠재 의식을 사용해 온 것이다.

미국 소설가 L 브롬필드는 다음과 같이 말하고 있다.

"다른 작가들도 그렇지만, 먼 옛날 어떤 중요한 일을 발견했다. 그 것은 심리학자가 잠재 의식이라 이름 붙인 것이 우리 마음 속에 있다는 사실이다. 잠 자고 있을 때, 쉬고 있을 때, 혹은 문필 외의 어떤 다른 일을 하고 있을 때 등, 어떤 예고 없이, 돌연 작용해 주는 것이 있다.

나는 마음의 이 부분을 훈련하면, 나의 작업에 어떤 도움되는 일이 가능함을 알았다. 아침에 일어나면, 기교에 관한 것이나, 구상이나 작중 인물의 일 등에 대해, 오랜 동안 나를 괴롭힌 문제가, 잠자는 사이에 전부 해결된 사실을 발견했다.

잠재 의식은 선조 이래의 본능과 경험의 집적으로, 조금도 잘못 판단하지 않는다. 나는 오랜 동안 이치로 따져 숙고한 끝에 얻은 결론적 판단을, 전부 잠재 의식의 재결(裁決)에 위임 신뢰하고 있다."

앞에서 말한 현재와 잠재의 두 마음에 대해 당신도 개략을 파악했을 것으로 생각한다. 현재 의식은 두뇌에 머물러 의식의 표면으로 나온다. 잠재 의식은 몸 안에 있어 의식의 선 아래 숨어있다. 그리고 그 양자 사이에 어떤 통신 연락이 따르고 있다.

잠재 의식은 힘의 근원

그런데, 사고의 원천은 의식하는 마음이다. 또 눈 떠 있을 때의 일상 생활의 지각도 그 의식이다. 우리가 현재 여기 있다고 하는 지각, 환경을 인정하고 그 것을 이해하는 힘, 어디로 마음을 기울이는가를 지휘하는 능력, 과거 있던 일의 상기, 감정과 이에 따라 오는 원인을 아는 능력 등도, 현재 의식이다.

좀더 구체적으로 말하면, 우리 주위의 사물이나 사람, 성공이나 실패의 체험, 의논의 정부(正否), 예술 작품의 미추(美醜) 등을 합리적으로 아는 것은 그 의식의 덕택이다.

현재 의식의 주된 힘은 이성, 논리, 형식, 비판, 계산, 자각, 도덕심 등이다. 우리는 그 힘으로 외부 세계를 인식한다. 그 중요 도구가 되는 기관은 5감이다. 현재 의식은 육체의 필요를 채우기 위한 것으로, 따라서 물질적 환경에 대한 우리의 투쟁에 사용된다. 그 최고의 임무는 이성을 사용, 모든 방법을 가지고 귀납 및 추리를 하고, 또 분석이나 통합을 하면서 사고를 돌이키는 일이다.

가령, 만약 당신이 새로운 혈청을 발견했다고 하는 의학상의 신 연구를 기획했다고 하자. 그러면 먼저, 의식을 기능하게 하고, 이성의 귀납 력을 활용한다. 먼저, 감각에 의해 인정된 사실을 작은 데이터에 이르기까지, 일일이 고루 갖춘다.

이어서, 그 것 하나하나를 비교하고, 유사점이나 차이점에 주의를 돌린다. 그 중에서 성질, 사용법, 기능이 같은 것을 뽑아 하나로 묶고, 한 개 개괄적인 법칙을 찾아 내고자 시도한다. 곧, 이러한 성질의 이러한 것은 이런 방향으로 작용한다 하는 방식으로 전체를 매듭짓는 하나의 발견을 목표로 한다는 의미다.

그 것은 하나의 지식에 도달하는 과학적 방법으로, 대학 등의 근대 교육의 근본을 이루는 것이다. 대개 그런 방법으로 우리는 인간, 사회, 사업, 직업 등, 또는 경제적 여러가지 문제를 해결한다는 의미다.

이런 방식으로 양식(良識)을 기능하게 하는 작용으로써 많은 실제 문제를 해결한다. 그러나, 때로 어떤 이유로 아무리 해도 해결할 수 없는 일이 나타나, 그 것이 꼬리를 잡아당긴다. 그렇게 되면, 우리는 맥 빠지고 지친 나머지 그 이상 더 노력을 계속할 용기가 없어지고, 따라서 자신을 잃고, 모든 일이 어느새 절망으로, 이 과업은 도저히 전망이 없다고 포기하여, 자포자기에 빠지는 결과가 된다.

이럴 때, 비로서 잠재 의식이 머리를 쳐들어 그 절박한 고비의 지령을 장악하는 것이다. 곧 우리에게 자신을 불러 일으켜 주고, 곤란 극복에 힘을 내 주고, 과업의 완성과 성공의 길로 되돌려 놓아 주는 것이다.

에너지의 동력원

현재 의식이 마치 사고의 원천인 것처럼, 잠재 의식은 힘의 원천인 것이다. 또 생애에 있어 위대한 원동력의 하나이기도 하다. 그 것은 본능에 뿌리를 내리고 각 자의 근본적인 욕구를 잘 알고 있다.

그리고 항상 현재 의식에 떠 오르려 하고, 어디인가 아래 쪽에서 위 쪽으로 밀어 올리는 노력을 방심하지 않고 계속 유지하고 있다.

또, 그 것은 다른 사람들이나 외부 세계에서 들어오는 무의식적인 인상이나 기억의 보고이기도 하여 5감이 받아들인 사실이나 체험 등 현재 의식이 부단히 보내오는 것을 현재 의식으로 중요하게 보존하고, 항상 요구에 따라 사용되는 자료의 거대 저장고로서 언제인가 현재 의식을 사용해 줄 것을 우리 배 속에서 기다리고 있다.

그러나 잠재 의식의 임무는 그 것만은 아니다. 각 개인 에너지의 동력원으로서 일종의 발전소 같은 중요한 역할을 한다. 사람은 여기서 활력을 공급받고 힘과 용기를 배양하고 또 자신에의 신뢰감을 받게 되는 것이다.

잠재 의식은 공간과 시간을 초월한다. 비유해 말하면, 강력한 발신 및 수신 겸용의 송신소 같은 과업을 수행하고, 우주로 퍼지는 방송망과 연락하여 물리적, 심리적, 정신적 세계나, 또 널리 영적(靈的)인 세계까지 미쳐, 과거, 현재, 미래와의 교신을 할 수도 있다고 많은 연구자는 주장한다.

당신의 잠재 의식은 그 만큼 위력을 갖는 것이다. 이 것을 끝까지 따져보면, 과거의 정서 및 지혜의 집적, 현재의 감각과 지식, 미래의 사고와 이미지 등을 모두 장악하는 것이 잠재 의식이다.

에머슨은 본능이란 말을 써서, 그 것은 뛰어난 특질을 갖는다고 말했다. 다음 문의(文義)로 따지면, 그 본능은 분명 잠재 의식을 지적한 것이다.

"사고 및 행동의 참된 지혜는 모두 이 본능에서 나오는 것이다. 그 지혜가 우리에게 오려면 제법 시간이 걸리지만 그러나 그 것을 불만으로 생각하면 안 된다. 인생의 모든 부면에서 이 본능을 이용하는 일은 매우 현명한 일이다. 모든 기회에 우리는 이 본능의 선도(先導)에 따르는 습관을 굳힐 필요가 있다. 그 지도에 따를 것을 결정만 하면, 지혜는 사용할 적 마다 샘 솟는다."

잠재 의식의 위력은 다면적이다. 중요한 것은 직감력, 정서, 확신, 영감, 암시, 추리, 상상력, 조직력 외에, 말할 것도 없이 기억과 활발한 정력이다. 잠재 의식은 육체의 감각기관에 의지하지 않고 전혀 다른 방법으로 외부 세계를 파악한다.

　그 것은 직감력에 의한 인식이다. 감각기능이 활동을 그치고 있을 때, 잠재 의식은 가장 활발하게 작용하여 최고의 기능을 발휘한다. 더욱 수면 중은 물론 각성시에도 그 힘을 기능할 때가 있다. 그 것은 분명 한 개 독립된 존재체로 독자의 힘과 기능을 가지고 근본적으로 독립된 보배로운 정신 기구로 개인의 육체와 생명에 긴밀히 연결되고 또, 육체와는 전혀 독립된 활동을 한다.

세 가지 직능

이래서 잠재 의식은 세가지 중요한 직능을 가지고 있다는 의미다.

첫째, 육체의 필요를 직각적으로 깨달으며 의식의 힘을 빌리지 않고 육체의 안전과 생존을 위해 힘을 다한다.

둘째, 일대 위기를 당하여 잠재 의식은 즉시 행동을 일으켜 육체 구원에 임하여 현재 의식과 별도로 최고 지휘권을 발휘해 놀랄 정도의 확신이나 이해를 가지고, 신속하고 정확하게 생명을 구하기 위해 활약한다.

셋째, 영의 세계에서도 활동 능력을 가지고 있다. 곧, 텔레파시(정신 감응), 클레아보이안스(clairvoyance, 투시), 사이코키네시스(psychokinesis, 물체 당기기) 등에도 잠재 의식의 심리 능력이 작용한다.

또, 긴요할 때 현재 의식의 응원에 착수하여, 요구를 또다시 잠재 의식 독특한 위력과 재량을 발휘해, 사활적인 문제 해결에 낭면, 개인의 욕구 등도 실현시킨다.

　내가 여기서 들어올리고 싶은 것은 이상 3개 주요 기능 가운데, 특히 중요한 마지막 부분 곧, 욕구 달성의 항목이다. 그러므로 잠재 의식을 특히 당신 행복을 위해 기능하게 하려면, 어떻게 하면 좋을 까 하는 기술적인 방법이 문제가 된다는 점이다.

　잠재 의식의 기능과 위력을 알고, 그 것을 각성 시켜, 그 활약을 촉구하려면, 어떻게 하면 좋을 것인가 가 바로 테마가 되는 것이다.

능력 범위 안의 것을 욕구한다

그 해답을 한 마디로 말하면, 당신은 먼저, 정당하게 당신 힘이 미치는 어떤 범위 내에 있는 것, 스스로 이루어 낼 수 있다고 생각하는 능력 한도 내에 있는 것을, 욕구의 목적으로 선택하는 일이 중요하다.

무모하고 불합리한 욕구는 삼가지 않으면 안 된다. 잠재 의식은 그 사람의 실력 수준에 따라 힘을 발휘하기 때문이다. 그리고 은인 자중하여 목적 달성을 기다리는 마음 가짐과 그 이루어지는 일에 절대적인 신념을 부여하는 일도 중요하다.

프랑스 철학자 T 주후로아는 다음과 같이 말하고 있다.

"잠재 의식은 믿으려 하지 않는 사람을 위해 일하는 수고를 싫어하는 것이다"

그런고로 당신의 욕구를 잠재 의식으로 보낼 때 그 욕구하는 사물이 이미 갖춰진 것이라 하는 마음가짐으로, 그 것을 기정 사실로 보는 것도 배우지 않으면 안 된다. 말을 바꾸며, 그 것이 완전히 성취된 것이라 하는 식으로 당신이 느끼고 또 생각하는 것이 필요하다.

이와 함께 더 나아가 당신이 이미 성공한 때의 상황을 현실적으로 마음의 눈으로 뚜렷이 보고 있지 않으면 안 된다. 결국, 욕구하고 있는 일이 달성된 모습 혹은 당신이 동경하는 입장에 이미 서 있는 실황을 마치 이미지로서, 심안(心眼)으로 보는 일이 필요하다.

이에 이어서, 최후의 단계로 당신의 잠재 의식이 욕구의 세부까지 자세히 소화 흡수하고, 그 하나하나를 당신을 위해 실현하는 작업에 걸리는 시간을, 인내를 가지고, 어른처럼 기다리지 않으면 안 된다.

드디어, 잠재 의식 독특한 설계 기획이 초조히 기다리는 당신 현재 의식으로 흘러 들어가므로 인해 당신이 욕구하는 사물이 실현되어가는 도정은 조금씩 풀리는 것으로 알려지고, 이와 함께 지금부터 어떤 식으로 행동하면 올바를까 하는 방침도 눈으로 보이는 것처럼 명백히 밝혀진다. 그 때 주저하는 일 없이 즉시, 그 방침에 따라 행동하면 좋을 것이다.

마음 속에 주저함이나 우려가 있으면 안 된다. 잠재 의식이 알려주는 바를 그대로 받아들이고 그 것이 이해되면 즉시 그대로 행동에 옮기는 것이 좋을 것이다. 이렇게 함으로써 잠재 의식은 당신에게 봉사하고 당신 요구에 호응하여 작업을 계속해 준다.

그러나 당신의 욕구는 이상 말한 방법으로 모두 해결된다고 할 수 없다. 말하자면, 건축 설계의 청사진처럼 완성된 것으로써, 그 도면대로 실행만 하면 일보일보 당신을 최종 목표에 저절로 인도해 준다는 식의 완전한 것과 다른 경우도 있는 것이다.

오히려 그 것과 취향을 달리 해 어떤 불가사의한 힘이 있어 가지고, 이따금 당신 몸속에 강하고 맹목적인 충동을 일으키는 일이 있다. 어떤 특별한 의미도 없이 혹은 어떤 논리적 연관도 없는 것처럼 보이는 것을, 어쩔 수 없이 해야 하는 충동에, 활짝 어떤 알 수 없는 느낌을 받는 경우도 있다. 그래도 상관없다.

잠재 의식의 위력이나 지혜에 의지해 얼핏 보아 아무 이유 없는 것 같은 일을 순수하게 실행하면 좋다. 그렇게 하면, 어느 날, 일찍 욕구하던 일이 홀연히 앞에 나타나, 잠재 의식의 도움을 받아, 우연하게 거기 서 있는 당신 자신을 볼 수 있을 것이다.

조금 손을 벋으면, 당신이 대망한 또는 지금 대망하고 있는 사항이, 당장 달성 직전에 있다는 사실을 알게 되어, 놀랄 수 있다는 의미다.

그 때, 과거를 돌이켜 보면, 당신이 걸어온 여러가지 도정이, 논리에 맞는 일련의 사건과 함께 연쇄적으로 나타나, 당신 눈에 긍정하는 이해로 수용되고, 그 최후 한 단계가 당신 개인의 성공! 당신의 일대 승리! 이므로, 마음속 희망이나 욕구의 성취는 당신 머리

위에 하늘로부터 쏟아지는 것처럼 덮여 온다는 놀라운 사실을, 눈 앞에 볼 것이다.

4부

암시는 힘이다

암시는 힘이다

"자기 힘으로 할 수 있다고 생각하라. 그러면 꼭 할 수 있다!"

하는 말을 들은 일이 몇 차례 있을 것이다. 가령, 작업이 어떤 것이든 자기가 할 수 있다는 신념을 가지고 착수하면, 대개 훌륭하게 이루어 낼 수 있다. 성공으로 이끄는 분발 력, 또는 시동 력은 신념을 갖는 데 있다.

"자, 모두, 힘을 내자. 적을 공격하는 것이다"

하고, 누군가 어떤 선창(先唱) 잡이가 때때로 성난 소리를 지른다. 축구 경기에서, 실전 때의 전선에서 혹은 기업체의 투쟁에서도 같은 것이다.

이와 같이 돌연 외쳐 대는 신념의 목소리가 뇌성 번개처럼 번득이며 사기를 부추기고, 일동을 분발 시키며, 지는 전세를 역전, 승리로! 성공으로! 곧 불리한 대세를 승리로 반전시키는 것이다. 이것은 누군가 위대한 신념을 가진 사람이, 할 수 있다고 자신을 갖는 데서, 시작하는 것이다.

암시의 종류

선박이 난파하여 암초에 부딪치는 파도 속으로 빠져 들었다고 하자. 더 안 된다고 생각하면 최후, 도움을 받을 수 없다.

그러나 그 때, 어떻게 하면 구조될 수 있다든가, 또는 어떻든 자력으로 이 위기를 헤쳐 나갈 수 있다고 적극적인 기분이 솟구치고 있다고 하자. 그러면 가능한 것으로, 그 것은 신념으로 형성되어 가는 것이다. 그 신념과 함께 당신을 돕는 힘이 어디선가 찾아오는 것이다.

또 가령, 실화(失火)로 인해 불꽃과 연기에 휩싸여 두려워 전전긍긍 몸도 마음도 당황해 어쩔 줄 모를 때, 더욱 이때, 앞서 말한 것처럼 힘이 솟구쳐 오면, 반드시 구조되는 것이다.

철학자 에머슨은,

"역경에 처하거나 혹은 위기에 직면했을 때, 우리의 무의식적 행동이 항상 최상의 것이다."고, 말하고 있다.

잠재 의식은 위대한 힘의 저장고다. 이 사실을 증명하는 이야기는 수 없이 많다. 잠재 의식이 명한 대로 행동한 때문에 혹은 잠재 의식이 초인적 힘을 발휘한 때문에, 허약한 남자나 여자도 평소의 실력을 넘어 생각치 못한 과업을 이루어 낸 보기가 많이 있다.

유명한 작가나 연설가도 잠재 의식은 끝 없는 사상의 흐름을 무한 공급해 주는 것이라고 말해 경탄하고 있다.

많은 신비적인 종교나 여러가지 성구나, 심리 관계의 전반을 연구해 보면, 그 모든 바탕은 모두 하나로, 어떤 일의 반복인 것이다. 이 사실을 발견하고, 나는 큰 놀라움에 충격을 받았다.

가령, 어느 동작이나, 말이나, 형식 등을 반복하든가, 또는 뜻도 없는 것을 다만 중얼중얼 하고 되풀이 하는 것뿐인데 여기에 깊은 의미가 있다고 알게 된 것이다.

종교 연구의 권위 W 시블룩의 말에 따르면, 미개척지의 마법사나 그 밖에 많은 드문 종교의 신봉자들은 어떤 무엇을 반복함으로써 신령을 부르고 악령의 마술을 실시하는 것이다. 여러 가지 종교의 성가나 주문이나, 기도 같은 것은 물론, 많이 반복할수록 그만큼 좋다고 하는, 매일 하는 일정까지 모두 그런 것이다.

불교 및 마호메트교의 빈번한 기도, 접신론 자나 통일파, 절대파, 진리파, 신사상파, 정신요법 등 여러 종교나 종파의 교리도 거의 같은 것이다. 사실대로 말하면 모든 종교의 밑 바탕은 그 것이다.

미개지의 마술은 악령을 부르는 것이고, 문명인의 그것은 선한 영(靈)에 의지한다는 점이 다를 뿐이다. 간단한 사항의 반복이라는 점은 모두 같은 것이다.

좀더 관찰을 넓혀가면, 세계 각지 미개인 사이에서 큰 북이나 징을 두드리고 단조로운 소리를 반복하는 것도 전혀 같은 원리다. 그 음파의 진동이 미개인 마음의 영성을 울려 그 자극으로 그들은 흥분하고 마침내 죽음조차 꺼리지 않는 정도까지 정서를 고조시키는 것이다.

미국 인디언 싸움의 전진(戰陣) 춤도 선율적 육체운동의 반복인 것이고, 기우제 의식도 같은 것이다. 또 회교도의 선율 댄스나 전선의 돌격 나팔을 비롯해, 많은 공장에서 능률을 높이기 위해 실시하는 정신 함양 음악도 전혀 같은 원리다.

어느 종교, 종파, 혹은 집단에서도 신비적이든 아니든 불문하고, 말의 반복을 요소로 하는 정해진 제식이 있다는 사실은 보통 알려진 바다. 여기에 암시의 힘이 나타난다는 일은 말할 것도 없다. 암시의 힘에 따라 각각의 교리에 응하는 현상이 나타나는 것이다.

그 것은 자기 암시(스스로 자기에게 암시를 거는 것), 또는 외래 암시(외부에서 오는 것)의 어느 것이든 상관없이, 몸속 어느 활동을 촉진하고, 잠재 의식의 창조적 과업을 일으켜 주는 것이다. 기도를 반복 실시하는 것은 비로 이 때문이다. 같은 종교, 같은 주문,

같은 서약을 반복하고 보면, 언제인가 모르게 신앙 또는 신념을 만들게 되는 것이다.

그리고 일단 이 신념이 굳게 뿌리를 내리면, 여러가지 현상이 나타나는 것이다.

건축가이든가, 청부업자는 교량이나 건물 등, 일련의 설계도나 명세 시방서(示方書)를 입찰 전에 예비조사하고, 그 후에 그 공사를 꼭 입찰하고자 하는 욕구에 불 붙였다고 한다. 그 때, 스스로 자기를 향해서,

"나는 이 건조(建造)가 가능하다. 그렇기 때문에 반드시 해 보이겠다"하고, 들려준다.

그는 조용히 마음속으로 별로 의식함 없이 천 번도 반복한다. 하면, 그러는 중에, 그 암시는 뿌리를 내리고 수미 상응하게 낙찰도 받아 건축물은 끝내 완성되는 첫 걸음을 내 딛게 되는 것이다. 그 반대로 "안돼. 틀렸어"하고 말하면, 그 공사는 절대로 그에게 떨어지지 않게 된다는 이유다.

반복 암시의 위력

그와 똑 같은 힘이나 방법을 사용하여 히틀러는 독일 민족을 통합하고 세계 정복의 길에 나섰다. 그의 '나의 투쟁'을 읽으면, 그 것을 확실히 알 수 있다. 히틀러는 암시 이론에 통달하고, 그 것을 활용하는 수단에 있어 놀랄 밖에 없는 달인이었다.

인기 있는 유명 배우의 연기까지 동원, 그는 모든 선전 도구를 사용, 큰 규모의 암시 작전을 전개했다. 그는 공언했다.

"암시의 심리 기술은 그 사용법을 아는 사람 손에 들어가면 놀라운 무기가 된다."

독일 사람은 그들이야말로 선택된 민족이라 들려주고, 그 같은 일의 최면술적 효과는 신념이 되어, 그 것은 또 암시의 반복에 따라 강화되고, 마침내 그들은 행동에 의해 그 실증을 시도한 이유다.

무솔리니도 같은 암시 원칙에 기초하여 이태리를 햇빛 속으로 이끌어 가고자 시도했다. 스탈린도 러시아를 지금 모습으로 가져

오기까지 같은 사이언스를 활용했다.

 미국의 근대 최면학회는 스탈린이 반복 암시의 위력을 러시아 국민 위로 덧 씌우고, 국민에게 실력 있음의 자신을 가지게 하고, 힘껏 노력한 일이 있음으로, 스탈린을 세계 10걸 중 하나로 뽑아, 그의 자격은, '최면술사의 눈'이라 말하고, 또 '대중 최면술사'라는 낙인을 찍었다

 일본의 군부도 국민을 열광하는 전사로 세워주는 것을 전통으로 해 왔다. 일본 아이들은 태어나기만 하면, 세계를 지령하는 타고난 운명의 '하늘의 아들'이라 가르침을 받고, 그 것이 암시가 되었다. 그리고 성장함에 따라 스스로 그렇게 기도하고 노래하고 또 믿어 왔다.

 노일 전쟁 이래, 몇 십년간 일본인은 해군의 스기노 병조장을 결사의 투사로 일대 영웅으로 제사 지냄과 동시에, 여러 개의 기념비를 세우고, 노래와 영웅담도 들려주고, 젊은이는 이 선례를 배워 결사대가 되는 것이 최고의 명예라고 가르침을 받아왔다.

 더욱 여순 항구에서 러시아 함대를 봉쇄하는 폐색선을 자침(自沈)할 때, 전사한 것으로 생각된 스기노가 실은 죽지 않은 것이다. 중국 보트에 구조된 것이다. 그런데도 본국에서 일대 영웅으로 받든다는 이야기를 듣고, 그는 영구히 무명인이 되어, 세상에 나오지 않기로 결심하고, 중국 만주에 머물렀다고 한다. 그는 건강하게 살

고 있다고, 전후, AP 통신이 전했다.

그럼에도 불구하고, 그이와 같은 죽음을 두둔하는 일이 최대 영웅으로 위업이라고 일본 청년을 가르치고, 그 깊고 굳은 신념이 가령, 가공의 사실에 기초한 것이라 해도, 많은 일본 젊은이를 자진해 죽음으로 향하게 한 것이다.

사고(思考)의 강풍에 복종하다

미국인도 1, 2차 대전을 통해 암시의 힘에 압도당해 모든 개인적 사고는 마비되고 대중은 정해진 틀에 갇히고 말았다. 전쟁은 모두 무조건적인 승리가 아니면 안 된다는 것이 바로 그 특징이다.

"전시에 이설(異說)은 곧바로 반역인 것이다."하고, 누군가가 탄성을 질렀지만 여기에도 반복되는 사상의 놀라운 힘이 보였던 것이다. 이 힘이 국민을 지배하고, 국민은 그 명에 따라 움직이지 않으면 안 되었다.

반복되는 암시의 위력은 우리의 이성을 잠재우고, 직접 감정에 작용하고, 나아가 잠재 의식의 밑바닥까지 들어가고 만다. 이 것이 광고가 성공하는 기본 원리다. 암시를 계속 반복하여 어떤 사실을 믿어버리게 하고, 결국, 세간의 사람들로 하여금 다투어 매점하게 한다.

최근은 비타민의 소란 시대다. 온 세상 사람들이 여기 저기 일상 생활의 모든 부면에서 비타민 공세를 맞나, 모두 캅셀에 든 비타민

제 등을 매입한다. 그 가치를 반복 암시하는 광고는 대단한 위력을 갖는 것이다.

수 백 년 동안, 토마토는 독이 있다고 생각되어 인류는 이 것을 먹지 않았으나, 누군가 두려움을 모르는 사람이 이 것을 먹어보고 숨지지 않았으므로, 오늘날 몇 백만이란 사람들이 먹고 있다. 겨우 백 년 전 까지만 해도 토마토는 사람이 먹을 수 있는 것이 아니라는 암시를 받았지만, 지금은 그런 일을 전혀 듣지 않게 된 것이다.

모든 대종교 운동의 종조(宗祖)들은 암시를 반복하는 일이 얼마나 위력이 있는가를 잘 알고 있어, 그 것을 교묘히 사용하여 큰 성과를 거둔 것이다. 우리가 신봉하는 종교의 교리는 이 세상에 태어나면서부터 들어오고, 또 그 이전에 그 양친, 또 그 양친과, 몇 세대까지 거슬러 올라가, 귓속으로 주입되었다.

여기에 그런 사실을 믿는 일에서 유래되는 교양상의 마술이 반드시 힘을 미치고 있는 것이다.

"몽중(夢中)일 때 아프지 않다"

"무지(無知)는 행복인 것이다"

등등으로 말하는 이야기에도, 깊은 의미가 있는 것이다. 우리는 의식하고 비로서 위해(危害)를 느끼고 고통을 맛보는 것이다. 불가능한 것을 알지 못하고 용감하게 돌진한 때문에 마침내 불가능한 일을 이루어 냈다는 사람의 이야기를 잘 듣고 있는 것이다.

어린 아기는 2가지 공포 밖에 모른다고 심리학자는 말한다. 높은 소리에 대한 공포와 추락의 공포다. 우리가 받는 그 밖의 공포는 모두 지식으로부터, 또는 경험의 결과에서 생기는 것들이다.

즉, 가르침을 받고 듣고 본 바의 것으로부터 공포심을 자아낸다. 남자도 여자도 떡갈나무처럼 강하고 그 주위를 에워싼 사상의 역류 가운데에서, 단단하게 서는 사람을 나는 믿음직하다고 생각한다.

그러나 대부분의 사람은 묘목처럼 미풍에도 흔들리고, 결국은 불어 닥치는 사고의 강풍과 한 방향으로 밀려 나가게 된다. 모든 것은 암시다.

성경에 사상의 힘, 암시의 힘을 보이는 많은 사례가 있다. 구약성서에 야곱이란 사람이 군데군데 껍질을 벗겨 얼룩진 모양의 나무와 가지를 소와 양이 물 마시는 물통 곁에 세워, 이로써 진기한 얼룩 가축을 만들어 큰 돈을 벌었다는 이야기가 나온다.

가축은 물을 마시러 와 그 근처에서 잉태하여 얼룩 있는 새끼를 낳았다.

오르레앙의 가냘픈 소녀 잔 다르크는 신의 소리를 듣고 그 암시의 힘으로, 프랑스를 구하는 사명이 자신에게 있다고 느낀 나머지, 그 필승의 신념을 병사들 가슴에 심어 주어, 훨씬 강대한 영국군을 격파했다.

미국 근대 심리학의 아버지 W 제임스는 반신반의하는 사업을 앞에 두고, 성공을 쟁취하는 유일한 조건은 확신하는데 있다고 말했다. 그에 따르면, 신앙은 인간보다 위에 있는 힘에 의존하여, 그 발동을 촉구한다는 것이다.

바꾸어 말하면, 신념은 어떤 현상을 발현(發現)시킨다는 것이다.

성공도 실패도 마음에서

다른 입장에서 스포츠 계를 본다. 축구나 야구 등, 암시의 위력이 어떤 것인가를 누구도 알고 있다.

노틀담 선수팀의 명 코치 K 로군은 암시에 위대한 효력이 있다는 사실을 알고, 부단히 이 것을 활용했다. 각각의 팀 성격에 맞춰 그 사용방법을 바꾸는 요령을 그는 항상 잊지 않았다.

어느 날, 노들담 팀은 언제라 할 것 없이, 기가 죽어 전반 끝에 지극히 야무지지 못한 추태를 보였다. 선수들은 옷을 갈아입는 룸에서 신경을 초조하게 하고, 로군이 와서 어떻든 기분을 진작시켜줄 것을 학수 고대하고 있었다.

드디어 도어가 밖에서 조금 열리고, 그 틈으로 로군이 살짝 얼굴을 들여다보았다. 그리고 대강 선수들을 둘러본 다음,

"아아 실례, 잘못이네. 노들담 팀의 방인 줄 잘못 알았네"하고, 문을 닫자 마자, 그의 모습은 자취를 감추고 말았다. 팀 선수들은 우선 어안이벙벙하여 마침내 일동은 깔보는 것으로 알며, 불같이

성을 내고 나서 후반 게임에 나가 뛴 끝에, 마침내 승리했다.

로군은 그 밖에도 여러 팀을 향해, 심리 효과를 적절히 구사하여, 암시의 마술을 사용, 그가 코치하는 팀을, 모두 매우 발분하게 어떤 방식으로 끌어올렸는가 하는 사실은, 언제까지 남는 이야기 거리가 되었다.

로군이 격려하는 훈시를 녹음기에 녹음하여 시합을 앞둔 팀 선수들에게 몇 번이고 되풀이 하여 들려준 선수단도 있다. 스포츠 계에 이런 이야기는 매우 많은 것이다.

디트로이트 시 타이거 구단 M 코크란은 이른바 2류 야구단을 같은 암시의 반복으로써 미국 리그의 정상으로 끌어 올렸다. 당시의 신문 기사를 인용하기로 한다.

"매일매일 거칠게 불 튀는 연마를 계속하고, 코크란은 승리의 복음을 설명했다. 승리하는 팀은 자력으로 승리를 쟁취하는 것이다 하는 사실을 반복하고, 또 반복하여 선수들에게 각인 시켰다"

이와 유사한 힘이 주식 시장의 오르고 내리는 매매 기준 가격에 작용하고 있다. 나쁜 뉴스는 곧바로 가격을 누르고, 좋은 뉴스는 끌어 올린다. 주식의 본질적 가치에 변화는 없다. 하지만 시장에서 팔고 사는 데 지배적인 사람의 사고 방식은 그런 뉴스에 따라 즉시 변동하고, 그 것이 주식을 가진 일반사람들의 마음에 반영되는 것이다.

실제 일어난 사건이 무엇이라는 것이 아니다. 증권을 가진 사람들이 일어날 것이라고 믿는 바 그 것이 팔게도 하고 사게도 한다는 것이다.

공포심이 불황이나 전쟁을 만든다

일찍 불황 시대에 그 암시력이 상상 이상으로 강하게 작용한 것이다. 매일 매일 우리는 "불경기다. 사업은 틀렸다. 은행이 넘어갔다. 앞날이 어둡다"하는 말을 듣게도 되고, 굉장한 소문을 가는 곳마다 들었다.

드디어 그 것이 전국적인 노래가 되어 수 백만의 사람들은 번영이 다시 오기는 틀렸다고 믿고 절망했다. 제 아무리 의지가 강한 사람들도 부단한 공포를 자아내는 같은 사상의 진동파에 끊임없이 충격 받고, 의기 소침해버리는 일은 당연한 것이다.

금전의 움직임은 민감한 것으로 공포의 암시가 계속되는 곳에서 곧바로 그 반응을 나타내고 사업은 파산하고 실업은 그 뒤를 따라간다. 은행의 폐쇄나 대회사의 도산 소문은 가는 곳마다 들끓고, 사람들은 즉각 그 것을 믿고 이에 따라 행동하는 것이다.

인간의 공포심은 문자대로 불황시대를 만들어 낸다는 사실을 세간의 사람이 마음속에 가지고 있다면, 두 번 다시 경제 불황은 오지 않았을 것이다. 불황을 두려워한 때문에 불황이 닥치는 것이다. 전쟁도 그렇다.

세계가 불황이나 전쟁을 생각하는 일이 없다면, 그런 일은 현실 세계에 존재하지 않는 헛된 일이 될 것이다. 우리가 감정적인 사고 방식으로 먼저 창조하는 것이 아닌 한, 경제 기구 가운데 그 불황이나 전쟁 같은 것, 결코 침입해 오는 것을 허락하지 않을 것이다.

유명 심리학자로 오래 노스 웨스턴 대학 총장이던 W 스코트 박사는,

"사업계의 성공도 실패도 능력에 의한 것이 아니라, 마음 가짐에 의한 것이다"고 말했지만, 이 것은 참으로 옳은 말이다.

인간은 세계를 통해 같은 인간으로, 모두가 같은 감정, 같은 영향, 같은 진동으로 지배되는 것이다. 대 사업도 마을도 시도 국가도 모두 개인 집단으로 그 사람들의 생각이나 믿음에 따라 지배되는 것이다. 모든 것은 개인이 생각하고 또 믿는 바대로의 모양이 되는 것이다.

시 전체의 사람 생각은 시 전체의 모습이 되고, 국민 전체의 생각하는 바는 전국의 모습이 된다. 그 것은 피할 수 없는 자연의 결론이다. 각 개인은 각 개인 스스로 만드는 것, 그 스스로의 생각 내지 믿는 바의 영상인 것이다. 솔로몬 왕이 한 말 그대로다.

"사람이 가슴으로 생각한 대로의 것이 곧 그 사람인 것이다"

이미지가 잠재 의식을
약동하게 한다

1938년 10월 20일 밤, H 웰스 지은 화성에서 기괴한 군대가 공격했다는 '세계와 세계의 전쟁'이라 제목 붙인 소설의 라디오 방송은 결국, 수 백만의 사람들을 광란의 도가니로 몰아넣었다.

많은 사람들은 문밖으로 뛰어나오고, 경찰서는 군중에 둘러 쌓이고, 미국 동부 일대의 전화국은 혼란을 일으켜 통신 두절 상태에 빠지고, 뉴욕 시 주변의 교통은 마비되고 말았다. 방송 후 몇 시간 수 백만 청취자는 실제로 공황에 빠져버렸다.

화성군의 공격을 실제 상황으로 믿었다. 믿는 사실은 불가사의하게 이상한 사건을 불러오는 힘을 가지고 그 것이 실제 초래된 것이다.

중요한 스포츠 경기 전날은 대학 등에서 기세를 올리기 위해 응원 연습을 펼친다. 그 것도 같은 원리다. 격려 연설, 노래 및 '플레이 플레이' 하고, 외치는 것 등은 암시가 되어 승리한다는 의기를 높여준다.

제조회사의 영업부장도 아침 판매회의에서 같은 방법을 사용, 오케스트라, 라디오, 디스크 등을 사용해 영업사원의 사기를 진작하고, 전체 인원이 한 자리에 모여 지금까지의 판매 실적을 상회하겠다고 지혜를 짜내는 것이다.

군대에서도 같은 원리에 기초하여 각각 다른 방법이 모든 나라에서 빠짐없이 실행되고 있다. 가령, 밀집 훈련 같은 때, 병사는 명령에 절대 복종, 즉각 실행하는 훈련을 받고, 반복에 따라 그 것은 드디어 본능처럼 되고, 정신도 육체도 자동 기계처럼 움직이는 것이다.

이렇게 함으로써 실전에 절대 필요한 신념이 저절로 용솟음 치는 것이다.

잠재 의식은 현재 의식에서 명령을 받아 암시가 되는 자극을 받는 것이다. 또 외계에서 오는 자극을 현재 의식을 통해 수용한다. 그러나 만약 현재 의식이 그 자극을 어떤 목적을 가지고 잠재 의식으로 보낼 때, 그 목적을 마음의 이미지로 분명하게 보이면, 바라는 목적은 그만큼 빠르게 실현된다.

이 사실은 특히 마음에 간직해 두는 것이 좋다. 이미지는 가령, 어렴풋한 약도가 미완성의 것, 또는 간단한 스케치 등의 것이었다 해도, 잠재 의식에 시동을 거는 효과가 있는 것이다.

예를 들어, 교회나 비밀 교단 등의 극적인 배경을 갖는 제사나 의식 등은 중요한 이미지를 만드는 역할을 하는 것이다. 감정을 강요해 마음에 어떤 신비적 이미지를 그리는 효과를 갖는다. 그런 제사의 배경은 사람의 주의를 끈다.

그 상징의 그늘에 어떤 감춰진 특별한 의미나 사고를 포함, 사람 마음에 어떤 것을 심어 주는 것이다. 여러 가지 조명, 갖가지 기구 또는 제사를 드리는 사람의 의상 등은 그런 회화적인 효과를 내는 것이다.

또, 거기에 많은 미묘한 음악을 끼어 유령이라도 나올 것 같은 신비적 분위기를 자아내, 자리에 있는 사람들에게 어떤 영묘(靈妙)한 느낌을 자극하는 마음의 태세를 만든다.

믿는 것이 운명을 만든다

그런 일은 고대 인류로부터 전해온 역사적 사실이다. 문명인만 아니라 정도가 심한 원시적 야만인 사이에 각각 특유한 의식이 있다. 그런 식으로 사람들에게 인상 주는 방법은 심령(心靈) 연구의 모임이나 수정 들여다보는 점에 이르기까지 빠짐없이 실시되고 있다.

집시의 운명점에도 그런 장치가 있다. 이 같은 분위기는 현재 의식에 잠을 재촉해 가령, 일시적으로 수면을 유도하는 것으로, 이런 일 없이 우리의 지나친 분명한 현실감은 좀처럼 승복하지 않는다. 신비나 기적을 뜨겁게 바라는 것만으로 현상이 일어난다는 확신을 갖기까지 힘이 되기가 어려운 것이다.

이런 화법을 쓰는 것은 결코 종교의 신이나 부처를 하대하는 의미는 아니다. 대중에게 호소하는 예로부터의 방법을 이야기하고, 대중의 감정을 불러 일으키며, 또 북돋우는 일이 대중의 현실감을 빠르게 약화시키는 방법임을 보이고 싶었기 때문이다.

어떤 목적의 것이라 해도 많은 사람의 감정에 호소하려면, 극적 효과를 목표로 하는 것이 우선 손 쉬운 첫 걸음이다.

그러나 세간에 인간적 자력(磁力)이 강한 사람이나 위대한 연설가 등도 있어, 전혀 환경이나 극적 효과의 도움을 바라지 않아도 과업이 가능한 경우가 있다. 하지만, 음성 효과나 감정적 호소, 손짓 몸짓, 눈의 자력 등으로 사람들 주의를 끌어 모으면, 사람은 온 몸을 던져 그 박력에 끌려 가기까지 하는 것이다.

부적이나 마귀를 쫓는 팻말, 행운의 애호 물, 네 잎 클로버, 헌 편자(말굽에 붙이는 쇳조각), 토끼의 발 등, 세간에서 행운의 표징(標徵)으로 믿고 있는 많은 것이 있다. 그 것 자체는 생명력이 없는 것으로 아무 힘도 없다.

그러나, 사람은 그 것들에 힘이 있다고 믿고 나면, 그 것에 생명력을 불어넣는 결과가 되는 것이다. 그 것 자체에 힘이 있는가 여부는 문제가 되지 않는다. 사람이 믿음으로써 처음 그 것에 힘이 생긴다. 믿는 자체가 효과를 만들어 내는 것이다.

그 같은 일의 한 가지 설명은 알렉산더 대왕과 나폴레옹의 이야기다. 알렉산더 대왕 시대에 페르시아 왕 고르디우스가 수레 바퀴에 연결된 밧줄의 견고한 연결 고리가 있는데, 그 것을 풀어낸 사람은 아시아 왕이 된다는 신탁(神託)이 있다고 한 바, 그 것은 널리 신빙성을 얻었다.

알렉산더가 이 사실을 듣고 칼을 빼어 들어 한 칼에 그 것을 잘라 풀고, 드디어 위대한 권력을 갖는 높은 지위에 오를 수 있었다.

또, 나폴레옹은 어린 시절, 별 모양의 보석 사파이어를 받았는데, 그 것은 언제인가 그가 프랑스 황제가 된다는 예언을 붙여 놓았다.

그런 예언을 믿은 사실이 이 2사람의 영웅을 저 위대한 지위에 오르게 한 것이라 알려지고 있다. 그들은 초인적인 신념을 굳혔기 때문에 초인적인 인물이 된 것이다.

금이 가든가 깨진 거울은 운세가 불길하다고 서구에서 예전부터 이야기하고 있지만, 사람이 그렇게 믿지 않으면 결코 악운의 원인이 될 수 없다. 악이라는 신념이 중요하게 담보되고 발전하여, 어떤 사람 마음속 깊이 뿌리를 내리면, 그 사람에게 악운을 가지게 한다는 것이다.

불가사의한 일이지만, 잠재 의식은 믿는 사실을 반드시 실현시키는 힘을 가지고 있기 때문이다. 부적이나 어떤 상징 같은 것은 미신적인 단순한 사람들만 아니라, 대단히 지식 정도가 높은 사람이라도 믿는 사람이 상당히 있다.

생물에 격려를

곡물, 야채, 화초, 묘목 등을 정신력으로 신장시키는 사람이 있어, 그 힘을 잘 사용해 식물을 훌륭하게 생육한다는 이야기를 자주 듣는다. 수 년 전, 어느 스위스 사람 정원사가 우리 집 헌 나무를 뽑고 새 묘목으로 바꿔 심는 것이 좋다고 했으나 듣지 않았다.

따로 이유가 없었지만 나는 곧 그 의견에 지고 말았다. 그는 작은 묘목을 심고 뿌리에 흙을 덮어 주고, 불쑥 어떤 주문(呪文)을 중얼중얼 입속으로 외우고 있다. 나는 이상하게 생각하고 이유를 물었더니 그는 놀라는 듯 내 얼굴을 잠깐 쳐다보고,

"당신은 알지 모르겠으나, 나는 이 나무가 잘 자라고 잘 꽃을 피울 수 있게 이야기를 하며 들려주고 있다. 나의 어린 시절, 내가 출생한 나라 스위스에서 스승이 가르쳐 준 것인데, '무엇이든 생물은 격려를 해 주지 않으면 안 된다'는 것이다."

캐나다의 컬럼비아 지방 인디언은 넙치나 연어낚시에 나갈 때, 낚시 줄이나 바늘을 향해 어떤 말을 한다. 그렇게 하지 않으면 고

기가 물지 않는다는 것이다.

태평양 남부, 섬 사람들은 사용하는 도구를 생물처럼 다루고, 낚시 밥을 준비하여 잘 도와줄 것을 바라는 습관이 있다. 현재도 문명국에서 새로 건조한 선박의 진수나, 어업 선단의 출항 과 같은 때, 길 떠남을 축하하고 성공을 빌어주는 것과 견주어 보면, 야만인도 문명인도 큰 차이가 없어 보인다.

식물도 인간도 같은 감각이 있다는 학자도 있다. 많은 정원업자들은 일정한 달수 나이를 가늠하고 씨앗을 뿌린다. 미신이라 할지 모르지만, 그렇다 하여도 훌륭하게 실용이 되고 있다.

앞에 말한 예일 대학 연구자들의 주장은 식물의 생명에 전자장(電磁場)이 영향을 미친다는 것이다. 그렇다면, 근거가 있다는 의미다.

어느 '달 나이' 때, 씨앗을 뿌린다는 이야기를 하자, 나의 이웃 사람은 교양도 있고 사업도 활발하지만 그 이야기를 듣고, 자기는 일정 달수를 따져 머리를 깎는다고 한다. 달이 차거나 이지러질 때, 어느 때 이발관에 가느냐 물어보았지만, 그런 식으로 해야, 머리 자라는 것이 알맞기 때문이라고 하는 것이다.

동물이나 식물의 생명력에 대해 이런 이야기를 하면, 물질주의자는 거칠게 이론을 제기할 것이다. 그러나 우리는 사는 세계를 아직도 겨우 조금 밖에 알지 못하는 것이다.

우리가 전연 주의하지 못하는 힘이 여기 많이 작용하고 있는 것이다. 2차 세계대전 후에도 새로운 원리가 얼마나 많이 발견된 것일까?

의심할 것 없이, 인간의 상상력 혹은 인간이 그리는 미래의 이미지와 마음의 집중력이, 잠재 의식의 자력(磁力)을 작동하는 중요 원인인 것이다. 마음의 이미지는 암시를 반복함으로써 분명하게 그려지는 것이다.

예를 들면, 당신은 지금 집이 필요하다고 생각할 것이다. 그럼 먼저 상상력이 작용한다. 처음에 어떤 집이 좋을 것인가 하고, 어렴풋한 생각만 머리에 떠 올린다.

이어서 가족 과도 이야기를 나누고 건축가에게 상의하고, 새 집의 설계도 등도 보고, 마음속 이미지는 점점 분명해져 드디어 세부에 걸친 집의 그림이 눈에 보이게 되는 것이다.

그렇게 되면, 다음은 잠재 의식이 활동을 시작, 집을 실제로 당신의 손에 가져다 주는 것이다. 그 실현의 과정은 여러 모양일 것이다. 당신이 직접 건축할지도 모른다. 또 매입할지 모른다. 남의 행위로 구입할지도 모른다.

그 구입 과정은 어떻든 그다지 중요한 일이 아니다. 하여간 신념이 굳으면 반드시 집을 장만한다.

당신이 좋은 직업을 얻겠나고 마음먹을 때, 또는 산책을 하고 싶다고 할 때도, 같은 과정으로 사물이 운행된다. 당신 자신이 그 새 직업을 가질 때의 모습이나, 또 여행에 나선 모습을 그대로 마음의 눈으로 보는 것 같이 되면 그 것은 실현되는 것이다.

이따금 우리의 상상력에 따라 미리 겁먹은 일이 현실이 되어 나타나는 일도 있다. 그러나, 만약 그 공포의 그림을 잠깐만 의식으로 갖는 것만으로 잠재 의식의 스크린에 완전히 초점을 돌리는 일 없이 즉시 뿌리칠 수 있다면, 두려워한 불행은 대개 실현되는 일 없이 무사히 피할 수 있다.

이미지를 갖지 않은 국민은 망한다

솔로몬 왕의 이 경고는 근본적으로 진리다. 개인이든 집단이든 변화는 없다. 마음속에 성공을 꿈 꾸는 영상이 없다고 하면, 많은 기대를 갖는 일은 불가능하다. 만약 출세하고자 하면, 그 출세한 모습을 마음 속에 그리고 그 것을 자기의 잠재 의식에 주면 실제로 그대로의 출세가 가능한 것이다.

여기까지 써 오면, 과거 수 년에 걸쳐 이 사이언스를 사용한 사람들의 여러가지 체험이 내 마음에 떠 오른다.

언제인가 내 자동차의 발화장치가 고장 나서 이곳 저곳 수리공에게 보였지만 어디가 나쁜지 알 수가 없어 결국 어느 공장 주인에게 상담을 위해 찾아 갔다. 차의 지금까지의 운행 사정을 질병의 증상처럼 설명해 주자, 그는 잠자코 귀를 기울이고 다 들은 다음,

"염려 마세요, 고칠 수 있다고 생각합니다"고 말한 다음,

"그런 자신만 있다면, 어떻든 되는 것이라 생각하죠. 그러나 그런 강한 주장을 하면, 세간의 머리 좋은 사람들이 웃을지 모르지요"하고, 변명처럼 덧붙였다. 나는,

'나는 웃지 않아요. 하지만 당신은 대체 어디서 그런 강한 자신을 얻었나요?"

"그렇게 자랑 이야기를 갑자기 시작하면, 하루 종일 걸려도 이야기가 그치지 않을 정도로 화제는 많죠. 최소한 내 일생은 자신이 담긴 재료 뿐인 걸요"

"한 둘이라도 좋으니 들려 줘요"

"그럼 이야기하죠. 꼭 12년 전 이야기인데요, 나는 잘못 뒹굴러 등뼈를 다친 것이죠. 오랜 동안 깁스를 하고, 의사가 하는 말은 일생을 불구로 지낸다는 것이죠. 병원에서 위를 쳐다보며 자면서 앞날을 생각했어요.

어머니가 자주 '사람은 믿기만 하면 좋은 것이야'하고, 입 버릇처럼 자주 한 말을 셀 수 없이 자주 떠 올린 것이죠.

어느 날 문득 마음에 떠 오른 것은 내 몸이 나아서 정상으로 돌아온 모습을 마음속으로 마치 그림처럼 그려 놓고, 그 것 만을 생각하고 믿고 있으면, 반드시 잘 될 것이 틀림없다고 생각했으므로 그대로 실행했죠.

그런데 과연 기원한 대로 된 것이죠. 지금은 차 밑에 파고 들어가 작업을 하지만 어떻든 불구자의 소란이 아닙니다. 이렇게 건강합니다."

"재미 있네요. 좀더 다른 이야기도 들려줄 수 없나요?"

"나는 사업 번성을 위해서도 이 방법을 응용했죠. 현재 이 장소도 그런 일로 구입한 것이죠. 전번의 나의 점포는 몇 주 전에 화재로 소실하고 말았죠. 전쟁 때문에 그런 점포는 시내 어디를 가도 찾을 수 없죠.

그런 까닭에 점포를 소실하고 나서 더 이상 사업을 계속하기보다 어떤 다른 사람 사업체에 들어가 봉급이라도 받는 것이 옳다고 생각했어요.

그러나 어느 날 밤, 어떤 일이 있더라도 자기가 사업을 계속하리라고 결심을 굳혔죠. 그 것이 운명의 기로였어요. 잠 들기 앞서 스스로 다짐한 것이에요.

'자네는 2,3일 중에 꼭 좋은 장소의 점포를 찾을 것이다. 자네는 아직 운이 따르고 있다.'하고, 말이죠. 꼭 좋은 점포를 구입하리라는 확신을 가지고 잠 자리에 들었죠. 이튿날 아침, 화재로 태운 차의 도장 공사를 위해 칠 가게에 갔어요.

그리고 어디 좋은 장소의 점포를 찾고 있다고 말을 꺼내자, 칠 가게 주인이,

'그 것 참 이상한 일이네. 이 가게를 빌려주죠. 나는 이웃 동네로 이전하려는 것이에요. 그 곳 주인이 사업을 접고 문을 닫기 때문에, 그 뒤를 내가 인수하는 것이죠'라 하는 것이에요. 아시는 바와 같이 이 곳은 번화한 거리로 작업이 남아돌 정도입니다."

우연인가, 영상의 구현인가?

　당신은 그런 것을 단순한 '우연'이라고 말할지 모른다. 그러나 나의 글 모음 속에 이런 예가 산처럼 많다. 일부 사람들이 '우연'이라 해도 좋다. 나의 이 사이언스를 이해하는 사람은 이 같은 사실은 생각의 집중과 마음의 눈으로 영상을 그렸기 때문에 나타난 것이라고, 바르게 알고 있는 터이다.

　그러나 그런 의견의 차이, 즉, 어떤 바보스럽다는 생각과 사물은 순서로서 먼저, 처음 사고하는 것이 있어 비로소 그 것이 구체화하는 것이라 하는 생각 사이에, 큰 차이가 있지만, 그 어느 쪽이 옳은가 하는 결정을 내리는 결론은, 후에 상세히 말하기로 한다. 그리고 여기서 앞의 파라셀사스가 말한,

　"정신적인 인식력을 갖지 않은 사람은 외계에서 현실로 볼 수 없는 것을 인정할 힘은 없다"는 말을 우선 생각해 주기 바란다.

　잠재 의식은 그 영사막에 투영된 사항을 그대로 실현시키는 작용을 하는 것이다. 이는 틀림없는 사실이다. 그러나 만약 당신의

영사기나 원화가 흠이 있는 것이면, 영사는 희미해 지든가 거꾸로 비치든가 화면이 전혀 비치지 않든가 한다.

  의심이든가 두려움이든가 역설 등은 모두, 당신이 열심히 투영하고자 하는 그림을 희미하게 만든다.

숨어있는 힘을 끌어낸다

대 예술가나 문필가나 발명가들처럼 상상력이 발달한 사람들은 자기가 생각하는 대로 영상을 만들고 심안(心眼)의 그림을 훌륭하게 그려내는 일이 가능하다. 그러나 후에 말하는 사이언스를 사용, 또 이미 한, 많은 설명을 참고한다면, 가령, 어떤 사람도 물질이든 사건이든 혹은 자기가 현실로 가져오고 싶은 여러가지 사항을 마음의 눈으로 분명히 그리기는 결코 어렵지 않을 것이다.

나의 지인에 낚시의 명인이 있지만, 이 사람은 마음의 눈으로 그림 그리는 기술을 교묘히 사용하고 있다. 그는 두 세 사람 친구와 함께 배에 앉아 송어를 계속해 낚아 올리지만 친구들은 똑 같은 밥과 바늘을 사용하고 같은 도구와 낚시 요령을 사용, 그리고 바로 같은 장소에서 낚시를 담갔지만 한 마리도 잡지 못했다. 어느 때 그에게 이유를 물어보자,

"아무 것도 아니죠. 예전부터 하는 마술 같은 말을 할 뿐이죠. 나는 공상 적이라 할까 심리 적이라 할까, 물 속에 들어가 물 고기들

이 밥을 먹도록 권하죠. 바꿔 말하면, 고기가 바늘을 쿡쿡 찌르는 것을 이 눈으로 보고, 잘 걸리기를 믿는 것이죠. 그 밖에 달리 설명할 것은 없죠."

이 이야기를 낚시가 서투른 사람들에게 말하자, "바보 같은 소리를!"하고 비웃으며,

"누구라도 낚시를 잘하는 사람이면 흐름의 상태, 바닥의 구멍, 고기의 습성, 낚시 밥 종류 등에 정통하기 때문에 물고기만 있으면 낚이는 것은 정해져 있다."고 말한다. 더욱이 낚시에 익숙한 사람이 같은 곳에 낚시줄을 내리며 주문을 말하는 사람만큼 아무리 해도 낚이지 않는 이유를 설명할 수 없는 것이다. 나는 낚시를 모른다.

그러나 그와 같은 끌어당기는 기술이 다른 일에 성공하기 때문에 낚시에도 이용할 수 없는 이유가 없다고 생각할 뿐이다.

낚시 통으로, 명저도 많이 남긴 H 란프맨도 낚시꾼의 행운이든가 주문 같은 것은 어떤 심리적인 원인이 고려된다고 분명히 말하고 있다.

그럼 골프로 이야기를 돌린다. 오랜 동안 나도 이 게임에 익숙하고 여러 골프 클럽에 가입해 있다. 젊은 시절 테니스 세계 선수였던 사람과 함께 자주 골프 동료가 된다. 이 사람은 태평양 연안에서 근거리 쇼트로 놀라운 묘기의 주인공이다.

그의 매쉬(mashie)나 니블릭(niblick)은 공을 그린 위의 마음 먹는 곳에 떨어뜨리고 더욱 바싹 댈 수 있는 것이다. 이 것은 핀 가까운 안성맞춤의 위치로 항상 겨우 한번의 퍼트로 홀에 넣고 만다. 더욱 그 퍼트가 또 놀라운 묘기다.

골프에 필요한 마음의 그림

"어떻게 해서 그 요령을 터득했는가?"하고, 내가 물어본 적이 있다. 그러자,

"나는 그린을 향해 골프채를 휘두르기 앞서 공 떨어뜨릴 공간을 마음 눈으로 잠깐 그림을 그린다. 퍼트할 때는 공이 홀에 들어가는 모습을 실제 눈으로 보는 것이다. 물론, 올바른 스탠스(발 위치나 폭)나, 골프채 잡는 법도 중요하다. 하지만 그런 점에 실수 없는 골퍼라도 결과는 좋을 것이라 단정할 수 없다.

나는 상당히 연습에 시간을 보내는 것도 사실이다. 하지만 그 것도 나만 그런 것은 아니다. 연습에 시간을 쓰는 사람은 적지 않다. 그러나 나의 비결은 골프채를 쓰기 앞서 볼이 떨어질 공간을 분명히 눈으로 보아 알고 있음이다. 나에게 가능하다는 자신이 있는 것이다.

1930년대 나나닌 희대의 아마추어 골퍼 T 몬데그에 관한 기사를 유명한 스포츠 기자 라이스가 다음과 같이 회견 기사를 쓰고 있

다. 몬데그는 누가 서 있던 그 사람 부근에 원을 그리고 여기에 볼을 떨어뜨릴 수 있는 것이다. 그 것이 훼어웨이 3백 야드의 공간이지만 빈틈없이 조금의 착오도 없다.

볼은 몬데그가 바라는 곳을 향해 날아가는 것이다. 신문에 나온 몬데그의 말을 인용하면,

"골프는 머리, 마음 또는 뇌, 무엇이라 말해야 좋을지 모르지만 그 것을 써서 하는 것이다. 나는 공을 치기 전에 반드시 분명히 떠오른 이미지를 마음에 그린다.

마음의 이미지가 근육의 반사를 조종한다. 만약 마음의 이미지가 없다면, 실행은 단지 멋대로의 짐작에 불과하다는 뜻이다. 영상을 그리는 일은 만약 마음에 중압이 있을 때 등은 대단한 집중력을 필요로 한다. 그러나 중압이 없을 때의 게임 등 스릴의 재미 등은 없기 때문에."

마음의 그림이 갖는
알 수 없는 흡인력

보기 드문 직업 골퍼 G 사라센도 그와 똑 같은 방법을 사용하고 있다. 그가 쓴 '골프 이해 수첩'을 읽으면, 마음의 그림, 객관적 태도, 집중, 자신 등이 화제다. 골퍼는 모두 멘틀 해저드(심리적 장애물)라는 말을 알고 있다. 그 것은 벙커, 트랩, 물의 장애 등이다.

더욱 경기하는 사람들의 상상력 속에 그 것들은 두려운 장애물이 되고 마음속에 일종의 공포의 아픔을 준다.

내가 자주 찾는 코스에도 물의 홀이 있다. 쳐 내는 티에서 홀까지 120 야드 안팎으로 그 사이에 50피트 정도의 작은 연못이 있어 대부분 풀레이어 이면, 마지나 니블릭으로 가볍게 이를 수 있는 곳이다.

클럽 한 회원으로 젊어서 야구 및 축구의 대 선수이던 한 친구는 오랜 동안 이 연못을 넘기는 일이 불가능했다. 그의 아이언은 계속해 볼을 물속으로 때려 넣었다. 그 때마다 그는 노여움을 폭발 시키고 우리는 폭소를 멈출 수 없었다.

몇 달이 지난 후, 그는 마침내 스푼을 꺼내 볼을 그린 저쪽으로 훨씬 멀리 날렸다. 어느 날, 나는 그를 향해 말했다.

"처음부터 물이 그대를 정신 나가게 한다. 이번 때릴 때는 티와 그린 사이에 연못이 있다는 그림을 당신 마음에서 지워버리도록 하고, 그리고 그 대신 거기에 완만한 훼어웨이가 있다고 생각 하게"

그는 그 암시를 받아 그 다음에 칠 때, 공은 핀에서 2,3인치의 거리에 떨어졌다. 그런 후부터 연못일을 염두에 두지 않고 내가 일러준 말살(抹殺) 기술 덕분에 고통받지 않고 칠 수 있게 되었다는 것이다.

그러나 그와 한 팀이 된 어떤 괴로운 사람이 있어 마음의 이미지를 만드는 정신 집중이 되지 않을 때는 정해 놓고 실책을 반복했다는 것이다.

당구도 역시 마음의 지배가 필요하다. 화제는 바뀌지만, 텍사스의 산 안토니오 시에 공중으로 던진 작은 나무 조각을 표적으로 22구경 소총으로 1,500발이나 쏘고도 1발도 맞추지 못했다는 이야기를 들었다. 마음의 이미지가 꼭 중요한 역할을 하는 것이 틀림없다고 생각한다.

스포츠의 모든 부문에서 같은 마술이 행해지고 있다. 야구의 강타자, 축구의 교묘한 포드 패서, 정확한 드롭 키커 등 모두 의식적으로 혹은 무의식적으로 볼과 그 떨어뜨릴 공간의 그림을 마음에 그리고 있는 것이다.

확실히 연습이나 타이밍 그 밖에 많은 기술도 중요하지만 심리적인 면은 절대로 놓쳐서 안 된다.

이 책의 독자 가운데 골프나 당구에 흥미 없는 사람이 많을지 모른다. 그런 사람을 위해, 마음의 그림 또는 영상 만드는 일이 이해할 수 없는 흡인력을 갖는 것이다. 이 것이 실제 작용하는 것을 증명하는 간단한 실험이 있다.

먼저, 쉽게 던질 수 있는 작은 돌을 2,3개 주어, 직경 6인치 내지 10인치 정도 나무나 기둥을 세워 그 표적에서 25내지 30피트 혹은 그 이상 떨어진 적당한 장소에 위치를 잡고, 표적을 겨냥해 돌을 던져보라. 대개 돌은 표적보다 훨씬 떨어진 곳으로 날아간다.

그래서 바로 서 가지고 표적을 반드시 맞춘다고 스스로 다짐하면서 서 있는 나무를 마음의 상으로 그리고, 그 나무가 던지는 돌을 향해 걸어오는 모습을 임시로 상상해 보라. 혹은 자기가 생각하는 곳으로 돌이 그 목표 나무에 맞춰지는 곳을 마음으로 그리면 좋다.

그리고 던지면 드디어 돌은 완전히 목표에 적중하게 되는 것이다. 그런 일은 귀찮은 것이라 하지 말고, 먼저 한번 해 보는 것이다. 반드시 맞추는 것은 절대 틀림없다. 단지 믿기만 하면 좋은 것이다.

같은 사이언스를 가정의 주방에서 응용할 수 있다. 요리에 능숙한 사람은 스스로 의식하든 안 하든 상관 없이, 이 사이언스를 실제 사용하고 있는 것이다. 그 것을 의식하는 가 안 하는가 그 차이 뿐이다.

가령, 2사람의 부인이 같은 종류의 파이를 만드는 일에 착수한다고 하자. 전혀 같은 재료를 쓰고, 같은 주의서를 지시대로 실행했다고 하자. 그런데 그 결과, 한 사람은 온전히 실패했음에도 불구하고, 다른 한 사람은 요리로 최고의 것을 만들었다. 이 것은 대체 어떤 이유 때문일 것인가?

첫째, 한 사람은 처음부터 조심조심 일을 하고 있다. 지금까지 여러 차례 실패한 일을 생각하고 있다. 과연 이번은 어떤 것이 될까 하고 불안해하고 있다. 따라서 매우 맛있는 금빛 크러스트에, 맛있는 속이 넘치는 파이 모습을 훌륭한 이미지로 마음에 그리고 있지 않다. 신경을 애 태우고, 어느 정도 상기된 기분으로 스스로 알지 못하는 그 침착하지 못한 것이 파이 작업에 영향을 미치고 있다.

둘째 사람은 자기가 만드는 것은 최상의 파이가 된다는 확신을 가지고 만들고 있다. 그 결과, 정확히 그대로 되었다. 그 처럼 처음부터 마음 속에 그린 그림, 그의 신념이 모든 것을 그렇게 만드는 것이다.

만약 당신이 세간 보통의 평범한 솜씨요, 더욱 요리는 좋아하는 편이라 한다면, 좋아한다는 일이 무엇보다 중요하지만, 자기 자신을 향해 자기는 고급 요리가 되고, 사실 그 솜씨가 있다고 하는 사실을 힘써 생각할 일이다.

그 것은 당신 내부에 그 힘이 잠재되어 있어 만약 그 것을 생각하고, 그 신념에 매달리면, 그 같은 재능이 나와 당신을 돕는 것이다. 그러므로 다음 파이를 만들 때, 당신의 전심을 전부 쏟아 넣으면 좋다. 훌륭한 파이 모양이 마음속 그림으로 그려진다면, 당신 자신이 놀랄 정도의 제품이 완성되는 것이다.

이와 같은 법칙은 어디에도 응용할 수 있다. 가령, 낚시에도, 재산을 모으는 일에도, 사업에 성공하기 위해서도, 모든 일에 응용할 수 있다.

5부

이미지(영상)를
만들 것

이미지(영상)를 만들 것

내가 투자금융회사 일을 하고 있을 때, 한 세일즈 맨이 상담을 하러 왔다.

"나는 S씨가 무서워 어쩌지 못하고 있는데요. 이 공포감을 없앨 어떤 방법은 없을까요? S 씨와 만약 대등한 입장에서 대화가 되면, 상당한 비즈니스가 되겠으나 어쨌든 두려워 접근하기가 어려워요. 다른 세일즈 맨도 모두 그렇게 말하고 있어요."

내가 문득 생각한 명안(名案)

이 S씨는 대 회사 위엄 있는 사장실에 머물러 있는 백만 장자였다. 거만한 인간으로 머리 두발은 짙고 눈썹은 굵고 크며 마치 털벌레가 깔려 있는 듯하다. 완벽한 강성이 얼굴 근육에 나타나 있다. 마치 사람을 꾸짖는 듯한 화법으로, 기약한 사람은 조금 접근하기가 까다롭다.

그러나 흉허물 없이 말 거는 사람에게 매우 붙임성 있는 점을 나도 잘 알고 있다. 세일즈맨들은 그 사람 겉 모습을 겁내는 것이다. 나는 잠깐 생각하고 드디어 명안을 내놓았다.

"아무리 그 사람이라 해도 당신을 때리든가, 달려들어 물든가 하는 마음은 없다. 어느 해변에서 어떤 사람이 해수욕복을 입은 모습을 상상해 본다. 몸은 털이 텁수룩해, 보기에도 징그러운 모양일지 모르지만 벌거벗은 모습이면 꼭 무섭다 하는 기분은 들지 않을 것이다. 어떨까?"

"먼저 무섭다고 하는 인상은 없지 않을까"하고, 세일즈맨 역시 맞장구를 치므로 그 털이 텁수룩한 모습에서 나는 한 개 연상이 떠올랐다.

"곡예 춤을 추며 거리를 활보하는 우스꽝스러운 곰을 당신은 보아 알고 있을 것이다. 손풍금 음악에 맞추어 춤 추는 놈. 터키 모자 같은 묘한 모자를 쓰고! 그 놈은 웅얼거리는 소리는 내도 이를 뺏음으로 사람을 물지 못한다."

"그렇죠!"하고, 세일즈맨.

"그렇지, 그 것으로 이야기는 이어지지. 그 텁수룩한 사람을 바로 그 애교부리는 곰이라 생각해 보지. 터키 모자이든가 색깔이든가 모두 갖춘 그 놈을 말이지, 당신 마음속에 그려진 무섭다는 상상도는 모두 휙 날아갈 것이지. 어떤 가?"

세일즈맨은 마음 속으로 크게 웃어가며 밖으로 나갔다. 며칠 지나자 그는 이 무서운 상대에게 2만 달러의 증권을 팔았다. 대체 어떤 방식으로 이 상대와 만났는가, 판매하는 그의 응대(應對) 방식 등, 지금 생각해도 흥미 있게 상상된다. 최근의 계산서를 보면, 이 세일즈맨은 이 재산가를 지금껏 중요한 단골로 하고 있다.

수 주일 전, 같은 세일즈맨이 내 사무실에 와서 전과 같은 방법으로 또 다른 단골을 만든 이야기를 하고 갔다. 이 번은 흰 수염의 장로 같은 사람인데 아무래도 기가 꺾이는 품격의 노인이다. 하나하나 시끄럽게 따지고 대부분의 세일즈맨을 긴장시키는 것이다. 그

의 말에 따르면,

"이 나이 든 염소 할아버지는 오랜 동안 나에게 싫은 상대였다. 돈도 상당히 가진 것으로 알고 있지만 그 가게 앞을 지날 적마다 찌푸린 얼굴로 이 쪽을 쏘아보고 있다. 계속 얼굴을 찌푸리고 있는 것이다. 때문에 결심하고 가게에 들어가 이야기하고 싶다 해도, 전혀 그 용기가 나지 않았다.

하지만 수 일 전, 언제인가 당신이 그 S씨를 다루는 요령을 알려 준 것을 생각하고 산타클로스를 상상해 보면 어떨까 하는 생각이 내 머리에 떠 오른 것이다. 그래서 스스로에게 말했다.

'그렇지 이 나이 든 염소 할아버지를 산타라 생각하면 좋을 것이다. 산타라면 누구도 무서워할 사람은 없을 것이다'하고.

그런데 이것이 잘 적중한 것이다. 결국 이 할아버지는 나의 놀라운 단골이 된 것이다. 나 같은 사람이 다가가는 일이 매우 기뻤던 모양이다. 5천 달러의 주문을 받았을 뿐 아니라, 다음 주에도 와 달라 하고, 소유하고 있는 유가 증권의 리스트를 2사람이 함께 정리하고 싶으니 그 일을 도와주었으면 하고, 부탁하는 것이다. 이런 사정이면 다음에 또 주문을 받을 수 있겠다"

중요 지위에 있는 사람은 어떤 뽐내고 싶은 생각에 거드름을 피어, 가까이하는 사람들을 무서워하게 하는 것이다. 사무실 분위기를 장중하게 하고, 비서나 사무 직원을 옆에 있게 하는 것이다.

마음속 이미지를 바꾸는 공부

 그러나 이런 사람들도 인간이기 때문에 다른 사람과 똑 같이 공포심이나, 같은 약점, 같은 결함을 가지고 있는 것이다. 자기 집에 돌아가면, 대개 성질 없는 좋은 사람인 것이다. 이런 짐작이 가면, 거드름 피우고 젠체하고, 하는 모습을 신경 쓰지 말고, 그 참 인간다운 풍채를 생각하고, 그 것을 자기 머리속에 그려 넣으면 좋을 것이다.
 그렇게 하면, 마음의 응어리이던 장애는 곧 소멸하고 만다. 참으로 훌륭한 사람은 방문자를 향해 관문을 만드는 것이 아니고, 대개 다가가기 쉬운 것이다. 만약 당신이 세일즈맨이면 어떤 잘난 척하는 사람을 방문할 때, 이런 식으로 생각하면, 당신 마음의 장애를 제거하게 된다.
 어느 변호사는 이와 유사한 이런 체험을 말하고 있다.
 "어느 때, 유명 법률가로 젊은이가 두려워하는 대가와 법정에서 논전을 벌인 경우가 있다. 잠깐 법정에 앉아 있자 하니, 나는 어떤 두려움 때문에 어쩔 수 없는 생각이 들었다. 그래서 눈을 감고 스스로에게 말했다.

'나 역시 그이와 같다. 그이보다 훌륭한 점도 있다. 그 사람 정도 매끈한 점이 없는가. 염려할 것 없다.'하고, 이 것을 잠깐 마음속으로 반복했다. 그리고 눈을 떠 보니, 그 정도 사람이 가령 왔다고 해도 상관없다는 자신이 생겨 났다.

어떤 어려운 사건이 있을 때, 배심원들이 좀처럼 움직이지 않을 때, 항상 이 방법을 쓴다. 그 것은 단지 우연의 행운이라 할지 모른다. 그러나 그 때마다 성공하므로 묘한 일이다.

알 수 없는 체험

완고하게 보이고 심술 궂은 사람들도 대개 마음속에 보통 정도의 여린 마음을 가지고 있는 것이다. 때문에 방문자는 마음속에 자기가 만드는 장애를 제거하면, 모든 것은 다루기가 쉬워진다. 다음에 남을 방문할 때 2,3회 심호흡을 하고, 저 정도 상대는 정복할 수 있다고 스스로 확신을 갖는 것이다. 그렇게 하면 왠지 모르게 성공하는 것이다.

1930년대 경제 불황 시, 대규모 식료품 체인 스토어 각 부 책임자와 차장들이 육류 담당도 포함해 일단이 되어 나 있는 곳에 상담을 위해 온 일이 있다.

6주간의 강의를 들은 후에 학습한 일을 실제로 응용해 보기로 했다. 각 전문 매점마다 내가 강습 때 준 기술을 1주일 중 하루만 실제 사용해 각각 각 부에서 추려 낸 상품을 판매해 보기로 했다.

모두 모여 숙의한 끝에 뽑은 상품은 치즈, 불고기, 연어, 흔한 참외, 오이 등이다. 시골에 있는 체인 스토어 지배인은 거래선의 농가에 잘 연락이 닿아, 참외, 오이 류의 대량 확보가 가능했다.

  판매 하루 전날 각 부 주임은 점원을 한 곳에 모아 손님이 점포에 들어와 선택한 상품을 특히 사고 싶어 하는 모양을 마음속에 그리도록 그 방법을 열심히 가르쳐 주었다. 물론, 각각의 상품은 눈에 잘 띄는 곳에 화려하게 진열해 놓고, 각 점원은 손님이 매장에 들어올 적마다, 그 뽑힌 상품을 사가도록 마음속으로 바라도록 말해 주고, 수배는 모두 빈틈이 없었다.

생각대로 되는 이상함

그 날의 판매 실적은 놀랄 수밖에 없다. 치즈 전문점은 그 날 하루 가운데 과거 6개월의 판매 실적보다 훨씬 많은 것을 팔았다. 또 토요일은 항상 불고기 롤을 파는 것이 관례였던 전문점에서 이미 오전 중에 품절이 되고 말았다.

금요일 고기 없는 날에 연어를 파는 점포는 시내 동종 점포의 매상 총액보다 많이 팔았다. 참외와 오이 매점은 그 날 하루에 2번씩 농가에 추가 주문으로 물품을 구입했다.

이 때 강습을 받은 사람들 가운데 그 후, 겨우 1사람만 전쟁 희생자를 냈지만, 그 밖의 사람들은 모두 상당한 점주가 되고, 또는 각 방면에서 출세하고 있다. 그 가운데 1사람은 3개 점포를 경영하고, 또 1사람은 이웃 주의, 체인 스토어 지배인이 되었다.

일찍 나는 지금 여기서 다루고 있는 테마를 작은 팸플릿으로 내고자 하고 원고를 인쇄소에 보냈다. 이튿날 아침, 인쇄소 사장은 나의 사무실에 숨을 헐떡이고 몸을 떨며 거의 넘어질 듯 달려 왔다. 어떤 이상한 일이라도 있느냐고 걱정하며 물었더니, 그는 말을 더듬거리며 대답했다.

"지금 이상한 일이 생겼어요. 간밤에 원고를 받아 읽어보고 나는 이렇게 중얼댔죠. '여기 써 있는 것이 사실이라면, 내가 이 사람에게 찾아갈 때 내 차를 주차할 공간 정도 찾을 수 있을 것이라 생각했다. 그런 일은 걱정할 필요가 없다. 한 번 주의해 보자.'

그 후, 그런 사실은 바로 지금 내가 공장을 나와 자동차로 달려 이 당신 사무소에 닿기 바로 전까지 까맣게 잊어버리고 있던 것이다. 그런데 막 여기 도착할 때, 문득 머리에 떠 오른 것은 그런 일이 실제 있는가 하는 점이다.

그리고 모퉁이를 돌아 가자, 이 거리에 차가 꽉 차 있어 내 차를 댈 공간은 한 자리도 없다. 뭐 야, 역시 거짓말이라 생각하고, 그런 공상은 깨끗이 잊어버리기로 했다. 그런데 앞에 지나가는 사람을 피하며 차를 막 서행할 때, 마침 이 빌딩 바로 정면 인도에 주차한 차가 나가는 것이 눈에 띄는 것이 아닌가. 아, 그 뒤에 내 차를 댈 수 있겠다. 나는 어떤 다행이란 생각으로 몸이 가벼워졌다. 그 것이 확실한 본보기의 그 것이 아닌가 생각했다'

"그럴지도 모르지 다시 한번 확인해 보라"고 나는 대답했다.

그는 몇 번인가 확인해 보았다. 그리고 수 년 간에 걸쳐 같은 결과를 얻고 있다. 이 것을 우연의 일치라 생각하고 싶다면 그 것도 독자 당신의 자유다. 하지만 이 인쇄소에서 결코 우연의 일치라 생각치 않는다.

특히 그의 영업은 그 후, 3배 정도나 크게 늘어났다. 더욱 그 당시에 다른 동업자들은 주문이 없어 고통 받던 시대였으므로 더더욱 묘한 일이다.

이 인쇄소의 체험을 나는 이따금 남에게 말했다. 그리고 다른 사람 가운데 이 인쇄소와 똑 같은 결과를 보았다는 사람이 많다고 듣고, 나 역시 이상하게 생각하고 있음이다.

어느 종교대학의 여학생은 시내에 동생을 데리고 쇼핑을 갈 때, 항상 정해 놓고, 자기들이 가는 곳 가까이에 주차장이 있으리라 굳게 믿고 나가면 늘 반드시 주차 공간이 있다는 것이다.

어느 대형병원 영양사로 교사를 겸하고 있는 부인이 나에게 이렇게 말했다.

"이 힘이라 할까, 무엇이라 말해야 좋을지 모르겠으나 그에 대해 어떻든 놀랬습니다. 그 한 가지 예이지만 염원하고 있으면 내가 바라는 그 대로의 현상이 생기는 것입니다.

나는 매일 아침 일하러 밖에 나갈 때, 사무실 빌딩 거리에 오면, 교통신호는 정해진 듯이 푸른 신호등이므로 한번도 멈추지 않고 어디든 고맙게 지나갈 수 있습니다. 빨간 등이 켜질 때가 거의 한번도 없습니다. 지금은 습관이 되어 그 것이 당연한 일로 여기고 있습니다."

또 하나 내 주장을 뒷받침하는 예가 있다. 주주로부터 백만 달러 이상의 투자를 예입 받고 있는 어느 정유회사 일이다. 이 회사는 소송이나 판매 착오로 경영난에 빠져 회사 기구를 어떻든 근본적으로 바꿔야 하게 되자, 주주에게 무배당을 양해 받고, 신주를 인수해 주도록 부탁 했다.

나아가 회사 정유기의 모든 개폐 장치에서 나오는 한 방울 기름도 반드시 돈으로 바뀌어 하나하나 수입이 된다는 신념을 분명하게 마음속에 그려 갖도록, 모든 주주에게 부탁했다.

이 회사가 위치하는 장소는 기초가 단단한 몇몇 일류 회사가 경쟁을 벌이는 지구의 한복판에 있다. 그럼에도 불구하고, 마침내 회사의 수익은 점점 늘어나 끝내는 다른 회사의 매수로 병합된 때 주주들이 낸 불입금은 표시 금액보다 프리미엄을 붙여 주를 팔 수 있게 되었다.

우승의 요령을 아는 사실로 스포츠 팬에게 널리 알려진 매니저 J 그리보는 복싱 선수에게 항상 선수 스스로가 우승자가 된 자기 모습을 마음속에 그리는 기술을 일러주었다. 그 결과, 대부분의 선수가 우승하고 있다

이 같은 심리 현상에 익숙한 적지 않은 일부 인사들은 그런 일을 진실하게 받아들이지 않을 지 모른다. 그 것은 나도 잘 아는 사실

이다. 그러나 이 같은 사실에 다소 간여한 사람들은 그 진위에 조금의 의심도 하지 않는다.

그리고 내가 아는 한, 이 책을 읽는 사람들 가운데 그 이상 더 이상한 체험을 많이 한 사람도 많다.

잠재 의식과 2가지 사건

영국에서 심층심리학 연구자로 이름이 알려진 A 디렐은 말한다.

"만약 우리가 잠재 의식에 의지해 그 작동으로 어떤 일을 이루어 내고자 생각하고 일에 착수하면, 우리 마음속 잠재 의식은 상호 관련된 일을 몇 가지 발생시켜 드디어 그 목적을 달성시키는 것이다."

또, 오랜 동안 시카고 대학에서 가르치고 있는 S 마슈즈 박사는 말했다.

"우리는 강력한 희망을 가짐으로써 사건을 좌우할 수 있다. 희망의 성취는 심리적 확증으로 나타난다."

이 사실을 단적으로 실증하는 사건이 여기 2경우가 있다.

어느 대규모 골동품점 여주인은 감정이 뛰어난 감정사로 여기저기 부인들로부터 인기를 끄는 사람이다. 하지만, 사교 모임에 얼굴을 보이는 일은 크게 싫어 했다. 그런데, 어느 부인 1사람이 그녀를 끈질기게 점심에 초대했다.

초대 측 부인의 참 마음은 이처럼 골동품 전문가와 함께 거리를 걷고 있는 모습을 일반 사람들에게 보이고자 하는 허영심에서 생긴 것인데 여주인은 그런 뜻의 초대를 고의로 싫어해 한쪽에서 거절한 것이다.

그런데 어느 여성 클럽의 회합에서 이따금 유명 인사가 강연을 하지만, 바로 그 부인한테서 부도덕하게 초대된 여주인은 딱히 거절할 수 없이 걸려들어 출석을 승낙 했다. 그녀는 나에게 이렇게 설명했다.

"그 사람은 나의 부주의한 부분을 찌른 것이다. 나는 승낙한 후에 곧 그런 약속을 안 했으면 좋았을 걸 하고 후회했다. 나는 그런 고급 모임을 아주 싫어해 이 모임은 꼭 아니꼬운 것이 틀림없다고 생각했다. 그래서 뭐라고 했을까? 나는 밤만 되면 식은 땀이 나올 지경이었다.

왜 그런 약속을 했을까, 어찌 하면 그 부인의 심기를 건드리지 않고 가지 않을 수 있을까? 그이는 우리 집 단골이기도 한데 만약 약속을 지키지 않으면 다음에 어떤 험담을 들을까?"

"나는 열심히 어떻게 하면 좋을 것인지 생각했다. 이 것 저 것 생각해 보았으나 어느 것 하나 조리가 통하는 변명은 없다. 나는 망연자실했다. 아무리 해도 그 부인과는 기분이 맞지 않는다. 그 분에게 난처하지만, 참으로 딱한 사정이다. 약속의 날이 다가왔다.

전화를 걸고 부득이하게 중요한 용무가 있어서 아무래도 강연회에 출석이 어렵다고 잘라서 거절하려 할 때다.

그 쪽에서 나의 점포에 찾아온 것이다."

"드릴 말씀은 없으나 강연이 중지되었기에 하고 말하는 것이다. 나는 어느 정도나 안도했는지 모른다. 그쪽이 하는 말을 나는 진정으로 믿는 바다. 나의 생각이 그 사실과 어떤 관계가 있다고 생각할 밖에 없다. 우연의 일치라 생각하는 사람이 반드시 있을 것이라 생각한다.

그렇게 말하고 싶은 사람에게 말하게 하자. 그러나 세상에 그렇지 않아도 불가사의한 일이 많이 있다. 그 어떤 것이든 모두 우연의 일치라 말할 수 없을 것이다."

그 밖에 또 하나 흥미 있는 일이 있다.

이야기의 주인공은 가을 추수할 때, 전 미국을 고통스럽게 하는 헤이 휘바 (비염)의 제약회사 지배인이다. 그는 최근 어느 도시에 옮겨와 회사 사무소 근처에 아파트를 빌렸다.

때는 전쟁이 막 끝날 무렵의 일로, 전화 설치를 위해 신청 순서를 기다리지 않으면 안 되었다. 신청 접수부에 많은 사람의 이름이 기록되어 있다. 겨우 소수의 사람만 특설을 인정받았다. 가령, 의사, 경찰, 고급 관리, 그 밖에 공중을 위한 긴급을 요하는 업무 자 등은 우선적으로 취급을 받았다.

그래서 제약회사 지배인은 모든 연줄을 찾아 이 사람이라 생각하는 유력자 모두를 찾아 2달이나 뛰어다녔지만 1개의 전화도 설치가 불가능했다. 저자인 내가 전화회사의 고위층과 낯이 익다고 듣고 소개자를 통해 즉시 면회를 청했다.

나는 그의 달콤한 생각을 경계하고 아무리 나라 해도 고위층을 설득해 수 천의 선 순위 청약자의 머리 위를 넘어 그에게만 전화를 알선하는 정도의 힘은 없다고 설명했다. 하지만 만약 어떤 이유로 특히 그에게 우선권이 있다는 식으로 입증하면 모를까 하고 덧붙였다.

대체 누구누구를 향해 운동했느냐고 물어보니 그는 전화회사의 위에서 아래까지 여러 지위의 많은 사람들 이름을 늘어 놓았다. 그리고 아무래도 전화가 없으면 절대로 약품회사의 사업은 불가능하다고 털어 놓았다. 사무실 업무가 끝난 후 야간 작업을 하는 것은 그이 혼자이기 때문에, 하고 말하는 것이다. 그러자 나는,

"장거리 전화도 걸려 오는 가요? 그리고 전화로 수행하는 거래액은 매월 얼마나 되나요?"하고 물어보았다. 그러자 그는 매우 많은 월간 거래액을 숫자로 알려 주었다.

"그럼 과거 몇 개 월의 계산서를 가지고 당신이 처음 만난 사람에게 다시 한번 가 보라. 그리고 아무래도 즉각 전화가 필요하다고 부탁하라. 그러나 당신이 완전히 상대를 설득할 수 있다는 자신감

이 생길 때까지 가지 않는 것이 좋다.

그렇지 않으면, 실패할 염려가 있다. 당신은 아무래도 아파트에 전화를 설치한다고 자기 마음속으로 결의를 굳히라. 굳은 신념으로 확립될 때까지 그 것을 계속 다짐하는 것이다."

"그렇게 해 보자고" 그는 말하고, 곧 기분을 돌리고 나서 "아니 절대로 하지. 전화는 어떻든 설치할 꺼야"

그 후 수 일이 지나서 그는 나를 찾아왔다.

"확실히 성공 했지. 꼭 말하지 않으면 안 되겠다고 생각해 왔어. 자기 마음속에 굳은 신념을 만들면 이상하게도 여러 사건이 다음에서 다음으로 꼬리를 물고 일어나는 군. 나는 처음 만난 사람에게 다시 만나러 가니, 그 사람은 또 왔느냐고 하지 않고 뜻밖의 얼굴 표정이었다.

이번은 어떻든 전화가 필요하다는 이유를 당신 지시대로 계산서를 보이고 설명하자, 곧 어느 정도 납득한 듯했지. 어떻든 내 사정을 지배인에게 설명하겠다고 말하고 전화기를 들자, 바로 지배인 쪽에서 다른 용건으로 전화가 걸려온 모양이야. 그래서 지배인에게 나의 곤란한 사정을 설명했는데 지배인은 곧바로 나의 우선권을 인정해 주었다. 그리고 우선권 담당 P를 만나는 것이 좋겠다고 알려 줬다.

우선권 같은 것을 나도 상세히 들은 적이 없어 이 P라는 사람과

안면이 없던 터이다. 하지만 그 P를 만나 사정을 설명하고 우리 사업과 제품 등을 상세히 설명하자, 웬걸 그 사람은 헤이 휘바(비염)를 앓고 있어 여러가지 약을 써 보았지만 대번에 낫지 않는다고 털어 놓는다.

이야기를 듣고 나는 당장 의자에서 떨어질 듯이 놀랐다. 그 후의 진전은 만사가 술술 풀려 나갔다. 이 일 전체가 어떤 유령이라도 걸린 듯한 묘한 느낌이었다. 대체 지배인은 왜 나와 예기하는 사람에게 끼어들어 바로 그 때, 전화를 걸어왔을까?

또 우선권의 재결을 하는 최종 책임자가 왜 비염에 걸려 가지고 내게 친절한 입장의 사람이 되었을까? 이 같은 당신 신념의 사이언스를 무시하는 사람이 있다면, 모두 내가 있는 곳으로 보내주기 바란다."

상상력의 쓸데없음

우리 생각이 겉 모양이나 얼굴 표정이나 입으로 하는 말 등을 결정하는 일은 말할 필요가 없다. 겉 모양이나 평소의 생각이 겉으로 나타난 것이다. 대개 부인은 아름다운 생각을 끊임없이 가슴에 안고 아름다운 의상을 입고 어떤 아름다운 것을 몸 주위에 놓고 모습을 정리해 단아한 동작을 배워 자기가 반드시 남보다 낫다는 사실을 계속 생각할 수 있다면, 항상 미의 환희에 타오를 수 있고, 열기에 의해 자기 모습을 점점 아름답게 만든다.

영화에서도 더러운 의복의 흔한 젊은 여성이 눈에 띄는 의상을 입고 아름다운 미용을 하면 곧바로 매력 있는 여성이 된다. 누구라도 이 같은 일이 가능하다. 그리고 이 같은 기교를 좀더 민첩하게 **빠른** 방법으로 실행할 수 있다. 당신의 새로운 이상의 모습을 마음속으로 계속 그리고 일 순간이라도 여기서 마음을 떼지 않도록 계속 가져 가는 일이다.

치과 의사에게 가는 것을 두려워하는 사람이 많은 것 같다. 의사가 두려운 것은 치료실에서 실제 받는 아픔이 아니라, 그 것보다 여기서 어떤 고통을 참아내지 않으면 안 되는가 하는 근심과 걱정이 환자에게 참 고통의 원인인 것이다. 여기서도 우리 사고가 피하고 싶다고 생각하는 것을 역으로 바꾸어 실현시키는 것을 알 수 있다.

미국 피츠버그 시 어느 치과 의사는 소아 전문가로 치료실 옆에 어린이 유희실을 설치해 장난감, 모래 상자, 집 짓기 놀이, 그 밖에 많은 놀이 기구를 골고루 갖추고 있다. 여기서 아이들이 놀이에 집중하여 치과 치료를 잊어버리게 하려는 계획인 것이다.

일단 치료 의자에 앉으면 이에 관한 것은 일절 말하지 않고, 다른 여러가지 이야기를 아이에게 들려주고 그 주의를 다른 데로 돌리는 것이다.

전기 드릴의 도선(導線)에 단추 스위치가 붙어 있어 아이는 자기 마음대로 그 운행을 멈추게 하든가, 또는 전기를 통할 수 있게 한다. 의사는 치료에 당하기 앞서 만약 조금이라도 아프다고 하면, 곧바로 전기를 끊으라고 아이에게 이해시킨다. 이 의사는 유행에 빠르다.

작은 어린이들에게 평판이 좋은 이용사는 전면 거울의 스탠드에 어린이 그림책을 많이 놓아 둔다. 어린 손님을 이발 의자에 앉히면 곧장 그 어린 손에 그림책을 한 권 안겨준다. 머리 깎이기 전에 어린이 마음은 그림책에 빼앗기고 만다. 그 이발사가 말한다.

"어찌 보면, 이 방법은 듣지 않을 수 있다. 아직 그림책에 흥미를 갖기 전인 아이들이다. 그 때는 기계 세공으로 만든 장난감으로 누르면 기기 가가 하고, 묘한 소리를 내는 것을 준다. 요컨대, 아이들에게 머리 깎이는 사실을 잊어버리게 하면 좋은 것이다. 그 것이 가능하면, 후에 번거로움은 없다."

상상 또는 마음에 이미지를 그리는 일은 이따금 이상한 현상을 일으키는 것이다. 원래 공포심은 상상을 어기차게 하기 때문에 일어나는 것이다. 멀리 여행중인 아내나 부모에게 돌연 전보가 오든가 장거리 전화가 오면 받는 쪽은 전보를 펼치든가 전화를 받기 앞서 어떤 나쁜 알림 인가 하고 염려해 가슴이 두근거리고 명치 부위에 무엇인가 갈아 앉는 아픔을 느낀다.

그 알림이 길보(吉報)라 알고 이윽고 가슴을 쓸어 내리는 것이다. 그렇지 않는 한, 가슴 통증은 가라앉지 않는다.

2차 대전 중, M 웨스터 라는 부인이 잡지에 써 놓았다. 그녀는 남태평양 방면에서 수송선을 타고 미국으로 가는 길이지만 선실에 들어가보니 17명 부인들이 꽉 차 있다. 등화 관제로 현 측의 창은 닫혀 있고, 방 속은 숨 쉬기조차 힘들 지경이다. 선박 출항은 이튿날 아침이라 모두 침대에 들어가 어둡게 한 후에 한해, 창을 열어도 좋다는 허기가 나왔다. 웨스터는 일어나 창을 열자 모두 이 것으로 겨우 즐겁게 잘 수 있다고 기뻐하며 푹 잘 수 있었다. 그렇게 그녀는 써 놓았다.

그러나 이틀날 아침, 눈을 떠 보니 그녀가 열어놓은 것은 2중창의 안쪽 1장뿐으로 바깥 창 유리는 닫혀 있고 광선도 공기도 차단된 체로 있었다.

상상력이 헛된 일을 실행하는 과학적인 많은 예를 보일 수 있다. 우표 딱지를 환자 피부에 붙이고 그 것을 겨자 약이라고 생각하게 하면 딱지 밑에 진 무름이 생겼다.

개에게 먹이를 줄 때, 반드시 종을 울리고 부른다고 습관을 붙이면, 개는 언제나 벨이 울리면 먹이를 연상하게 되어, 개의 위장은 벨 소리를 듣기만 해도, 위액이 잔뜩 생기는 사실을 과학자가 실증했다.

레스토랑 테이블에 앉아 이웃 테이블에 좋은 음식이 나오는 것을 보면 우리 입에 침이 고인다.

양파 껍질을 벗길 때, 눈물을 흘리는 사람이 많다. 다른 사람이 멀리서 양파를 벗기고 있고 아직 방 안에 전혀 그 냄새가 없어도, 몇 미터 떨어진 곳에서 그 동작을 보고 있을 뿐인 많은 사람에게 눈물이 나오는 사실이 있다.

상상력을 바르게 쓰는 법

나는 태평양 및 대서양을 몇 차례나 항해했다. 선박이 아무리 큰 풍랑을 만나 롤링이나 피칭을 해도 배 멀미를 한 적은 없다. 단 한 차례 예외가 있다. 그 것은 되게 멀미하는 선객을 도와줄 때였다

처음 선박 여행을 한 이후, 지금까지 계속, 멀미하는 선객을 외면하고 보지 않기로 했다. 사람이 멀미하는 것을 보면, 암시가 되어 자신도 멀미를 하게 되고, 뱃전 난간으로 달려가 의지하기를 두려워해, 멀미하는 사람을 보지 않도록 한 것이다.

또 만약, 우리가 급격한 충격을 받아 상상력을 작동, 두려운 결과를 낳는 일이 있다.

당신 친구가 레몬을 입에 대고 헹구는 것을 보고 휘파람을 불어 본다. 보는 것만으로 휘파람은 불 수 없다. 사고(思考)의 힘으로 입의 근육이 자연 오그라들어 휘파람을 불 수 없게 된다.

나는 강연할 때, 잘하지만, 상상력이 얼마나 강한 것인가를 증명하기 위해 다른 색깔의 액체를 넣은 2개의 작은 병을 가시고 청중

앞에 나간다. 그리고 일동을 향해 1개는 라일락의 향수, 또 하나는 장미 기름인데 이 것으로 여러분 감각의 힘을 조사해 보겠다고 설명한다.

그렇게 말하고 청중에게 등을 돌려 뒤를 보이고, 어느 병 액체가 흩뿌려지는 것인지 보이지 않게 하고 공기 속으로 액체를 뿌린다. 그리고 지금의 것은 어느 병의 것인가 맞춰보게 한다. 어떤 사람은 그 것을 라일락이라 하고, 다른 사람은 아니요, 그 것은 장미 기름이라고 말한다.

물론, 어느 쪽도 상상이라 터무니없는 판단을 한 것이다. 실제는 2병 모두 전혀 냄새가 없는 다만 물에 빛을 낸 것이라고 듣고, 모두 맥이 풀린 것이다. 어느 병에도 향기 같은 것은 결코 없던 것이다.

한 가지 점에 집중한다

발명가, 미술가, 과학자, 건축가, 대 사업가 등은 모두 상상력을 활용 작업을 하고 있는 것이다. 그 것을 생각하면 상상이 얼마나 큰 힘인가를 알 수 있다. 셰익스피어는,

"도덕을 몸에 지녀라. 만의 하나 당신이 그 것을 갖지 못한다면" 하고 말했다. 이 위대한 진리의 깊은 의미를 생각해 보고 싶은 것이다. 도덕을 몸에 지닌다는 것은 우리 상상력을 통해 몸을 치장하는 일이다.

즉, 우리가 희망하는 대로의 인물이 되겠다고 생각하면, 자기가 장차 그런 인물이 되었을 때의 모습을 마음에 그리고, 그 이미지를 지우지 않고 계속 가져가면 언제인가 실제로 그 인물이 된다는 사실이다.

내가 말하는 희망의 달성도 꼭 그 방식 대로다.

하지만, 여기서 우리는 단순한 백일몽과 참된 이미지 혹은 상상력 사이의 바른 사용법으로 구별하지 않으면 안 된다. 가령, 당신

이 빈손으로 10만 달러를 번다든가, 혹은 호화 저택을 거저 손에 넣고 싶다고 생각한다고 하자.

그런 백일몽을 그리든가, 또는 멍하니 그렇게 하고 싶다고 생각하는 것만으로 아무 효과도 없다. 그 10만 달러 또는 호화 저택을 입수하는 것은 단지 그 것만으로 체내 잠재력을 활약시키는 일은 불가능한 것이다.

상상력에 이어지는
바른 행동이 필요

 먼저 상상력을 바르게 작용시켜 당신이 작업하는 모습을 마음속에 그리고 부단히 그 것을 바라보며 나아가 그 작업에 매달리지 않으면 목적한 바를 달성할 수 없다. 당산이 마음에 그린 대로 그 일을 실행함으로써 비로소 그 것을 참된 실재(實在)의 것으로 할 수 있는 것이다.

 가령, 확대경을 사용할 때를 생각해 보자. 잘 초점을 맞추고 태양광선을 1점에 모으면 여기 모이는 태양열을 가지고 대상물에 구멍을 낼 수 있는 것이다.

 열 력을 높이고 목적물이 점차 타 들어 가기까지 확대경 초점이 움직이지 않게 손으로 꽉 잡고 있지 않으면 안 된다. 상상하고 있는 목적물, 즉, 마음속 이미지도 그와 같은 것으로 그 것을 꽉 잡고 계속하지 않으면 안된다.

 프랑스 의사 E 꾸에 박사는 암시에 기초를 둔 싱싱력은 의지의 힘보다 강하다고 말했다.

"그 암시와 의지가 부딪쳐 싸울 때 항상 상상 쪽이 이긴다. 가령, 고급 엽연초 밖에 태울 수 없는 습관의 사람이 그 버릇을 그치고자 결심한다. 이를 악물고 턱을 당기고 자기 의지의 힘으로 이 나쁜 습관을 그치기로 무섭게 맹세한다.

하지만, 곧바로 좋은 엽연초 시가의 향기가 머리에 떠 올라 그 부드럽고 그리운 냄새가 코끝에서 맴돌고 사라질 줄 모른다. 상상력이 여기 작용하여 의지력을 압도하고 마는 것이다."

음주 등의 나쁜 습관도 이와 유사한 것이다. 프랑스 철학자 C 후리에는 일찍이 말했다.

"장래의 세계는 인간의 두뇌에 따라 성장할 것이다. 인류를 움직이는 욕망과 정서가 원동력으로 형성되고, 이에 지배되고 지도 받는 세계가 성립될 것이다."

현실은 이 예언과 같은 발전을 계속하고 있다. 그러나 마음의 힘을 가지고 세계를 형성하고 이를 지배한다는 인류의 작업은 아직 겨우 손을 대고 있을 뿐이다.

그래서 우리 인생의 참된 욕구는 무엇인가 하는 것이 문제다. 세상에 위대한 욕구를 가진 사람은 겨우 얼마 되지 않는다. 다수의 사람은 자기가 처한 작은 구석을 자기 몸으로 채우는 것만으로 만족하고 있는 것이다.

인생에서의 자기들 지위는 운명의 신이 어떤 특별히 준비해 놓은 것으로 고맙게 받아들일 뿐, 결코 여기서 빠져나갈 정도로 성장하고자 하지 않는다.

정신도 육체도 그런 향상의 노력을 하고자 하지 않는다. 땅 위의 새를 쏘는 경우와 같은 정도의 노력으로 나무 위에 앉은 새를 쏘는 것이다. 더욱 같은 거리의 새라 해도 겨우 눈 높이 정도의 높이에 머문 새라 하면 벌써 그 것을 쏘려 하지 않는다.

많은 사람은 멍하게 희망적 생각을 하는 것만으로 아무것도 실행하는 일 없이 일생을 마치는 것이다. 희망적 생각만으로 효과는 없다. 동력이 빠져 있기 때문이다.

그러나 진정으로 무엇인가를 찾는 사람도 적지 않으므로, 그런 사람은 배후의 욕구가 몰아 대는 위대한 체내 힘으로 움직인다. 이런 사람에게 목적지에의 길은 순탄하게 눈 앞에 전개된다. 잠재 의식의 힘을 사용하는 사람의 앞길은 장애가 없다.

잠재 의식은 또 그 사람의 욕구에 자력(磁力)을 안겨주어 욕구의 목적물을 전광으로 조명하듯이 밝게 해 현재 의식으로 보내 준다는 의미다.

사고와 상상력을 끊임없이 집중하면 우리는 목적물을 자기 있는 쪽으로 끌어 붙일 수 있다. 그 것은 결코 말의 멋진 표현은 아닌 것이다. 누구나 스스로 충분히 이해할 수 있도록 증명할 수 있다. 그 효과가 자력 에너지인지 전기 에너지인지 분명하지 않다.

인류는 아직 그 것을 명백히 하지 않더라도 사고력에 인력이 있다는 사실이 확실한 일이므로 그 현상은 일상 생활에 계속해서 받아들여진다.

사고하는 마음의 주변은 전자장(電磁場)과 같은 것이다. 우리는 전기의 본체가 무엇인지 아직도 모른다. 에너지를 발산하는 여러 가지 용구를 사용해 발전하는 물리적 방법만을 겨우 알고 있을 뿐이다. 스위치를 넣든가 빼든가 해 보고 전기가 통하는지 여부를 알고 있을 뿐이다.

일반 사람들은 오래 정신을 집중하기는 어렵고 마음에 그리는 이미지를 지우지 않고 지속하는 일도 쉽지 않다. 당신도 스스로 과거를 추억해 보라. 사념, 고찰, 공상 등은 놀랄 만큼 빠르게 계속 마음속을 오가며 동요를 계속하고 있는 것이다.

우리는 읽은 것, 본 것, 들은 것 등에 끊임없이 자극 받아 움직인다. 이 때문에 몸속의 창조력 가운데 그 여러가지가 섞여 있고 구별 없이 어지럽게 혼란의 뭉치로 되어 있어, 욕구한 바에 대한 분명한 영상을 마음속 장래를 목표로 계속 가져 가는 일은 쉽지 않다.

그러므로 잠재 의식의 속 깊이 손을 뻗기 위해 생각을 한 점으로 모으는 합리적인 기술을 배울 필요가 있는 것이다.

잠재 의식에 의지한다

나는 큰 기업가나, 사업가, 은행가 등의 개인용 사무실을 방문한 일이 있다. 그 것은 신념의 사이언스를 아직 모르는 시대의 일이었지만 그런 큰 회사에 장식된 그림, 사진, 슬로건, 조각상 등에서 깊은 인상을 받았다.

또 다른 사무실에서 역사에 남는 대 은행가 사진이나, 나폴레옹 흉상 등을 보았다. 다른 회사에서 작은 감실(龕室)이나 부처님의 큰 불상도 있고, 사무실 벽에는,

"우리는 항상 어디서든 불가능을 가능하게 한다"

"사람이 하는 일이면 우리도 할 수 있다"

"곧 실행하라"

"시동기가 되라, 남이 움직이는 것을 기다리지 말라"

등으로 써 있다. 사업의 나폴레옹이라 불리우는 F 울워스의 사무실은 마치 나폴레옹의 개인 사무실 모형 같았다. 그런 사실을 보든가 듣든가 한 사람은 많지만, 이 것이 과연 어떤 의미를 갖는 것

인가, 당신은 깊이 생각해 본 일이 있는가?

특별히 이렇다 하는 사실은 없다 해도 이런 사무실에 앉아 있는 사람에게 누구도 모두 옛 사람과 같은 위업(偉業)이 가능하다는 사실을 일깨워주고, 그 것을 암시로 하여 옛 사람의 모습을 이미지로 그리고, 마음에 깊이 새겨 두기 위함이다.

좌우명이나 슬로건은 사무실을 돌아볼 적마다 눈에 띈다. 책상에 앉을 때마다 나폴레옹이 자기를 보고 있음을 느낀다. 혹은 작은 감실에서 왠지 모르게 여기서 가로 길게 뻗친 전기의 흐름을 몸으로 느낀다.

말을 바꾸면, 사장들이 옛 사람의 모습을 볼 적마다 자기도 저이처럼 된다면 하고 상상력을 약동 시키든가, 또는 자기 스스로의 생각을 정리해 기분을 진작시키는 모습을 마음속에 그려 만들기 위한 하나의 사이언스에 지나지 않는다.

결국, 잠재 의식 쪽으로 파 들어가는 일련의 암시 역할을 하는 이유다.

의학자 사무실에는 가령, 암시의 위대한 힘 등을 믿지 않는 사람이라도 흔히 의학계의 위인이나 유명 의과대학의 교수 등의 사진을 걸어 놓고 있다. 이렇게 하는 의사들은 그 그늘에 숨어있는 힘을 어떻게 생각하고 있을까?

잠재 의식에 새겨진 것은 확실한 활동을 일으킨다. 마음에 그린 모습 그대로를 현실 세계에 실현하기 위해 그 것이 작동하기까지 마음속에서 활력을 기르고 있기 때문이다. 그러므로 우리는 한 암시에 마음을 집중하고 그 것을 끊임없이 반복, 드디어 그 것을 신념으로 고양할 필요가 있는 것이다.

발명가 T 에디슨도 암시를 반복하여 그 것을 신념으로 굳히는 일이 중요하다고 생각하고, 그의 많은 발명의 건(件)에 항상 활용했다. 그가 세상을 떠난 후, 그의 데스크 서랍을 열어보니 구약 성서의, "요나는 큰 물고기에 먹혔으나 상처 없이 소생하였다."고 쓴 종이 쪽지가 나왔다. 에디슨은 몇 번씩 이 것을 읽고, 실패에 괴로워하지 않고, 새로운 용기를 가지고 실험에 열중한 것이라 생각된다. 이 욕구와 암시라는 사실을 나는 야채와 풀 꽃의 종자에 비유해 생각해 본 적이 있다.

땅을 갈고 작은 씨앗을 심는다. 얼마 지나면 뿌리를 내리고 새 싹이 나온다. 그 것이 흙을 뚫고 빛과 태양과 습기를 찾아 자라고자 할 때, 작은 돌이나 나무 조각 등도 뚫어버리고 위로 나온다. 뚫고 나올 수 없다고 하면, 그 주변을 돌고 돌아 나온다. 흙에서 위로 나오려는 굳은 결의에 불타고 있는 것이다.

마침내 생장해서 야채, 풀꽃, 과실이 되는 것이다. 훨씬 강한 힘이 있어 상처 입지 않는 한, 목적을 이루는 것이다. 우리는 대 자연의 깊은 신비를 알지 못하지만, 어떻든 씨앗이 흙에 묻히고, 어두운 곳에서 부풀어 오르고, 우리 힘 다해 아름답고 유용한 것으로 생장하게 한다.

여러 모로 손을 써서 기르면, 훌륭하게 자라 간다. 더욱이 순수한 것이든 잡종이든 완성되는 것은 언제든 항상 그 종속의 것으로, 다른 것이 되는 것은 아니다.

성과는 씨앗에 달려있다

당신이 잠재 의식에 주는 암시도 꼭 그 대로다. 단순한 것이든 복잡한 것이든 성과는 항상 씨앗에 상응한다. 또 당신이 어떤 도움을 주는가에 따라 성장 역시 다르다. 바꿔 말하면, 바른 씨앗을 심는 일이다. 순수하게 한 가지 사실을 사념(思念)하는 것이다.

그리고 항상 같은 목적을 향해 적극적으로 1가지 사실을 계속 사고하고 끊임없이 그 것을 키워 나가지 않으면 안 된다. 그렇게 하면 자연 강한 힘은 쌓여 자라고 모든 방도를 찾아 장해를 물리치고 나갈 수 있다.

뿌리를 내리고 영양을 취하며 생장하고, 가지를 사방으로 뻗고, 태양광선을 많이 받게 됨으로, 자연 잎사귀 역시 무성해진다.

인간에게 욕구가 있으므로 해서 세계가 진보하는 것이다. 욕구가 없다고 하면 우리는 지금도 원시적 생활을 계속할 것이다. 근대 문명 세계에 있던 것은 모두 욕구의 결정으로 태어난 것이다.

실제로 우리 생명에 힘을 수어 활농을 일으켜 주는 원동력은 바로 욕구인 것이다.

　욕구는 인류에게 모든 행동을 일으켜 주는 원동력이다. 그것 없이 진보는 없다. 욕구가 강하고 거칠수록 그 만큼 그 욕구를 채우는 속도는 빨라지는 것이다.

　교육받지 않은 인부와 세련된 신사의 차이, 사원과 임원의 차이, 실패와 성공의 차이라 하는 식으로 양 극단의 차이가 일어나는 것은 욕구의 양식에 원인이 있는 것이다.

　어떻든 간에, 당신은 먼저 욕구를 갖지 않으면 안 된다. 그리고 당신 마음의 눈에 그려진 형태의 욕구는 어느 것이든, 마침내 손에 들어온다는 이상한 현상이야 말로 바로 신념의 비법이므로 이 사실을 한때도 잊으면 안 된다.

　그래서 내가 말하는 기술을 습득하면, 당신의 잠재 의식이라는, 말하자면 한 개 영사막 위에 자기가 욕구하는 것을 그린 그림을 분명히 초점을 맞춰 비추어 낼 수 있는 것이다.

　그리고 그 것을 방해하는 생각이나 지장을 주는 생각, 또는 두려움이나 의문을 끼워 넣는 여지가 없도록 할 것, 즉, 당신의 잠재 의식에 여러 잡념이 섞이지 않도록 기술을 배우지 않으면 안 된다.

카드 사용의 기술

 그러므로 민첩하게 이 기술 이야기로 옮겨 가자. 먼저 3, 4매의 카드를 준비한다. 보통 명함 크기의 종이이면 좋다. 사무실에도 가정에도 당신 방에도 그 밖에 어디라도 좋지만 누구도 보지 않는 장소에 앉아 무엇보다 좋다고 생각하는 것을 자기 자신에게 물어보도록 한다.
 만약 답이 나오고 그 것이 확실히 당신 최고의 욕구인 사실을 확실히 했다고 하면, 먼저 한 장 카드 위에 그 것을 한 마디로 나타낼 수 있게 간단한 문구로 적어 놓는다. 한두 마디로 표현하는 것이 좋다. 취직, 전직, 돈 벌기, 새집 등도 좋다.
 그리고 각 카드마다 처음 카드에 적은 것과 같은 문구를 적는다. 그렇게 한 후, 1장을 당신 계산서에 철하고, 손가방 등에 각각 넣고, 또 한 장을 침대 옆에 놓으며, 또 한 장은 얼굴을 비춰보는 거울이나 화장 경대 등에 붙인다. 또 한 장은 데스크에 핀으로 꽂아 놓는다.

그렇게 하는 것은 결국 하루 중에 어떤 시간에도 끊임없이 마음 속에 그 모습을 그리고 이미지를 깊게 심고 싶은 까닭이다.

밤 자기 전에도 아침 일어날 때도 결국 24시간 중, 가장 중요한 시간에 한층 더 힘 기울여 어느 한 점에 마음을 집중하기 위함이다.

그러나 그 것만으로 아직 부족하다. 지금 말한 방법이나 그 밖에 여러 가지 공부를 해 자기가 찾는 사항을 분명히 한 그림으로 마음 속에 선명하게 그릴 만큼 목적이 곧 실현될 수 있게 하는 것이다.

처음은 어떤 식으로 그 효과가 나타나는가 전망이 서지 않지만 염려할 필요는 없다. 그 이상은 모두 잠재 의식의 힘에 맡겨 놓으면 좋다. 그렇게 하면 잠재 의식은 혼자 마음대로 어떤 작업을 하고 생각치 못한 때와 장소에서 그 효과를 나타내기 위한 문호를 열고 길을 내어 주는 것이다.

생각치 못한 장소에서 지원해 주는 배가 나오고 혹은 자기 계획 대로 사물이 운행되려면 어떻게 하면 좋을까 하는 착상이 전혀 생각치 못한 때에 자연 머리 속에 떠 오른다.

가령, 갑자기 오랫동안 소식 없던 사람을 만나든가 또는 일찍 만난 일 없던 사람을 찾아보고 싶은 기분이 들든가, 문득 편지를 써 보고 싶든가, 또는 전화를 걸어보고 싶은 기분이 들던가 한다. 그 때는 어떻든 그대로 하면 좋을 것이다.

그리고 침대 바로 옆에 항상 종이와 펜을 준비해 둔다. 머리에 떠오른 그런 생각을 잊지 않을 때, 곧 적어 놓고 아침에 일어날 때, 동시에 잊어버리는 일이 없도록 한다.

성공한 사람은 밤중에 갑자기 착상이 떠 오를 때, 그 것을 잊지 않도록 써 놓는 습관의 사람이 많은 것이다.

염원을 마음에 심어 놓는다

내가 이 사이언스를 아직 손에 넣지 않았을 때 일이지만 어느 회사의 고위 간부와 사귀었다. 그 사람은 아침 출근해 사무실 데스크에 앉으면, 곧 주머니에서 생각한 바를 차례대로 적어 놓은 메모를 내 놓고 한번 훑어보는 것이다.

그리고 1,2분 중에 화사 업무는 팔방을 향해 활동을 시작하는 것이다. 그 쪽지에 여러 광고 매체에 대한 비판, 영업 방침, 구매 사항, 판매기구의 개혁 방안 등, 모든 사항이 써 있다. 그 것은 모두 사업을 훌륭하게 수행해 나가는데 중요한 명안(名案) 뿐이다.

이 책을 쓰면서 일찍 나는 어느 회사 부사장이 되어 그 회사의 역경을 헤쳐 나가기 위해 이 기술을 활용한 당시 사항을 생각해 본다. 나는 먼저 전체 종업원을 반원형으로 앉혀 놓고 마주 보았다.

그리고 이야기를 시작하기 앞서 일동에게 종이와 펜을 준비시켰다. 대부분 내가 어떤 구술하는 것을 노트하게 하는가 보다 하고, 모두 생각한 것 같다. 그러나 내가 일동을 향해,

"여러분이 일생 가운데 가장 좋다고 생각하는 것을 무엇이라도 좋으니 그 종이에 적어 주기 바란다"고 하자, 모두 어안이 벙벙한 듯한 얼굴을 했다. 그러자 나는,

"그 종이에 좋아하는 것을 적었다면, 그 것을 반드시 손에 넣을 수 있는 방법을 가르치겠다"고 설명한 이유다.

그 것을 듣고 2,3의 청년은 웃고 문제로 삼지 않은 것 같은데, 나이 든 사람들은 나의 진실한 얼굴을 보고 비로서 자기가 계속 생각하고 있는 희망을 써 낸 것이다. 그래서 젊은이들에게 나는 간단히,

"만약 여러분이 이 회사를 그만 두게 곤란 해 졌다고 하면, 내가 말한 대로 해 주기 바란다. 화사 사업이 잘 진행되지 않으면 우리 전체는 직을 잃고 거리로 나서게 되기 때문이다." 하고 말했는데 모두 내가 말한 대로 했다.

이 모임이 있은 후에 한 사람 청년 사원이 나에게 와서 사과했지만 '인제 되었네'하고, 나는 따로 꾸짖지 않았다. 그는 말한다.

"처음 아무래도 이야기가 매우 별나다고 생각했다. 가령, 자동차가 좋으면 자동차로 써냈다고 하면, 그 것이 손에 들어온다고, 매우 어리석은 이야기라고 생각했다. 그러나, 당신으로부터 이 기술 전체에 대해 설명을 잘 듣고 보니, 나 역시 여기에 충분한 이유 있음을 고쳐 생각했다."

카드는 모든 것을 실현시켰다

그 후, 수 년 걸려, 이 남자는 나의 집을 방문해, 보여주고 싶은 것이 있다고 나를 집 밖으로 끌고 나갔다. 밖의 주차장에 고급의 신품 자동차가 주차되어 있다.

이로부터 수 년 후, 보기로 든 처음 회합에 출석한 사람들에 대해, 그 때 종이에 쓴 물품을 실제로 입수했는가 여부를 물어보았지만, 예외 없이 모든 사람이 희망을 이루었다.

1사람은 어느 외국 부인을 아내로 맞고 싶다고 써 놓았지만, 희망한 대로 그 부인을 아내로 지금은 가정에 훌륭한 사내 아이 둘이 있다.

또 한 사람은 상당 액수의 돈이 필요하다고 써 놓았지만, 이 경우도 그 소망을 달성했고, 또 한 사람은 바닷가에 별장을 가지고 싶다고 썼고, 또 한 사람은 아름다운 집을 짓고 싶다고 희망했었다.

그리고 당시 사원들은 어떻든 욕구를 채웠을 뿐만 아니라, 해마다 계속 확실하게 수입이 늘고, 그 것만 아니라, 점점 형편 좋게 출세하고 있다. 동업자들은 이 사정을 보고 놀라운 눈을 크게 떴다.

　여기서 특히 강조하고 싶은 것은 자기가 카드에 쓴 문자는 어떤 의미의 것인가를 남에게 알리면 안 된다는 사실이다. 남에게 어슴푸레하게 느끼게 해도 좋지 않다. 이 사실을 남에게 알리면 모처럼 노력을 해도 전혀 효과가 오르지 않을 우려가 있기 때문이다.

　이 기술에 대해 좀더 깊이 이해하면 알 수 있는 일이지만, 남의 질투를 받을 수 있으므로 마음속에 다른 생각의 물결이 일어, 최초의 염파(念波)에 알게 모르게 브레이크가 걸릴 염려가 있는 것이다.

　왜 그런 일이 있는가 하면, 만약 자기가 욕구하는 사항을 세간에 알려 놓으면 모르는 사이 당신에게 자기 정신력을 분산하고, 1가지 사실에 생각을 집중시키기가 어려워지는 것이다. 즉, 여기에 쓴 주의사항을 지키지 않으면 잠재 의식과의 밀접한 연락이 차단될 수 있는 것이다.

　만약 그렇게 되면, 처음부터 다시 고쳐 해야 하는 우려가 있기 때문이다

　"남에게 자기 욕구 사항을 발설하면 안 되는 것이다"는 사실이 이 기술의 중요한 요령의 하나인 것이다.

　찬미가를 노래하든가, 기도를 하든가, 주문을 외우든가, 희망을 세우든가, 그 밖에 이와 유사한 여러가지 일을 하는 것은 모두 잠

재 의식에 작동하는 암시의 힘을 굳건히 하기 위한 구실을 하는 것이다.

잠재 의식을 굳힌다

 때문에 그렇게 함으로써 자기가 욕구하는 사항을 나타내는 간단한 말이나 문구를 남모르게 또는 소리 높여 반복하면, 자연 잠재 의식을 굳혀갈 수 있게 된다. 어떤 형식을 써도 상관없지만 요는 자기의 마음에 자기가 암시하는 것이 되어 효과가 나타나는 것이다.
 잠재 의식은 매우 감수성이 강하기 때문에 참이든 거짓이든 또는 진취적인 것이든 패퇴 적인 것이든 당신이 말하는 사실은 무엇이든 그대로 통째로 삼켜 마음속으로 굳혀버리는 것이다.
 일단 그 것이 잠재 의식 속에 뿌리를 내리면 전 능력과 전 정력을 기울여 그 사실을 그대로 세상에 실현하도록 작용을 시작, 마침내 그 것을 인생의 현실, 사회의 사건으로 만드는 것이다.
 자기의 생각이나 희망을 실현하기 위해 잠재 의식으로 보내고 싶을 때는 가능한 대로 간결한 말로 그 것을 표현하는 것이 좋다. 가령, 현재 만약, 불행한 생활을 하고 있다면, 그 바람은 간단히 '나는 행복하다'는 적극적인 표현만으로 좋다. 여기에 카드는 필요 없다.

다만 자기 자신을 향해 20회 내지 30회 그 말을 반복하는 것이다.

'나는 강하다' '나는 행복하다' '나에게 설득력이 있다' '나는 친절하다' '무엇이든 좋다' 등의 간단한 건설적인 말을 반복하고 있으면, 모르는 사이 자기 마음을 바꿔 좋은 방향으로 향할 수 있다. 그러나 그 효과를 오래 지속하기 위해 자기가 욕구 하는 바의 사항이 현실의 것으로 나타나기까지 끊임없이 이런 적극적인 말을 계속하는 것이 필요하다.

확실한 작업 목표를 갖는 사람이나, 자기의 분명한 욕구를 마음속에 이미지로 그리고 있는 사람이나, 혹은 이상을 항상 눈 앞에 분명히 가지고 있는 사람은 이따금 반복하는 가운데 자연 그 사실이 잠재 의식에 깊이 뿌리를 내리게 되는 것이다.

이 때문에 잠재 의식의 힘이 작용하기 시작해 그 1가지 사실에 전 능력을 계속 기울여 나가면 마침내 최소의 시간과 최소의 육체적 노력으로 목적을 달성할 수 있는 것이다.

그러므로 하루 종일 1가지 사항을 계속 생각하는 것이 좋다. 그렇게 하면 한 걸음 한 걸음 당신의 염원은 실현에 접근하게 되는 것이다. 재능과 힘의 전부가 그 한 가지 사실에 향할 수 있기 때문에 그 것은 꽃의 봉오리가 펴지지 않을 수 없는 것처럼 저절로 실현되지 않을 수 없는 것이다.

자기에게 말하고 들려준다

가령, 지금보다 좋은 직업으로 옮기기를 바라든가, 또는 지위를 승진하고 싶다고 희망하면 카드를 쓸 뿐만 아니라, 자기 자신을 향해, "반드시 그 직업이든 지위이든 획득할 수 있다"

하고, 끊임없이 말하고 들려준다. 이 기술을 몸에 붙이면 자기 염원을 계속 말해 가는 중에 언제인가 그 달성의 모습이 마음속에 화상(畵像)이 되어 깊게 뇌리에 새기게 된다.

자기가 염원하는 것을 계속 반복한다는 사실은 암시를 깊게 잠재 의식 속에 심어가는 방법인 것이다.

가령, 못을 박는 방법과 같은 것이다. 못을 쇠 망치로 처음 때리는 것은 그 못을 재목의 적당한 곳에 자리 잡는 작업이다. 이에 이어 몇 번씩 세계 침으로써 비로소 못은 머리까지 쑥 거기에 깊이 박히는 것이다.

잠재 의식도 같은 것으로 힘 있게 지시 받은 것 만 받아들이고, 그 것을 실현시키는 것이다.

모든 것은 되풀이 해 나감으로써 큰 힘이 되는 것으로, 그 좋은 실례는 예전 그리스의 장사 미로와 그 소의 이야기다. 미로는 태어난 지 얼마 안된 송아지를 매일 하루같이 들어 올리는 것을 습관 붙였다. 드디어 그 송아지가 큰 황소로 성장하자, 미로 역시 어느 겨를에 그 황소를 들어 올릴 정도의 장사가 되었다는 것이다.

이 것을 좀더 형태를 갖춘 보기를 찾아 설명해 본다. 즉, 2가지 물건은 동시에 같은 공간을 점할 수 없다. 가령, 1키로의 쌀과 1키로의 보리를 한 개의 같은 1키로 자루에 넣을 수 없다.

이 자루와 마찬가지로 당신의 마음도 1개 용적의 공간으로 생각해볼 수 있을 것이다. 당신의 마음속이 만약 적극적인 생각이 힘 있고 창조적인 생각으로 그득 차 있다고 할 때, 동시에 거기에 소극적인 생각이나 의심하는 마음을 갖고자 해도 그 것은 가능하지 않다.

적극적인 생각을 몰아내지 않는다

또 가령, 당신의 마음은 문이 하나 밖에 없는 방과 같은 것이고 그 문을 열 열쇠는 단 하나임으로 당신이 그 것을 가지고 있는 것이라 생각할 수 있다. 그 문을 열고 무엇을 그 방으로 가져가는가를 결정하는 것은 당신 혼자의 권한이다.

그 방이 적극적인 좋은 생각으로 가득 차 있는가, 소극적인 불필요한 생각으로 차 있는가, 어느 쪽이든 그 것을 그렇게 있게 하는 키는 당신 혼자에게만 있는 것이다.

잠재 의식은 어떻든 간에 이렇게 해서 마음속에 들어온 가장 강한 힘에 굴복하고 반응을 일으킨다는 뜻이다.

또 당신의 마음을 청수를 가득 채운 탱크에 비유할 수 있다. 그 탱크에 어떤 물품을 넣고자 생각하면, 그 물품의 용적만 탱크에 넘치는 물을 흘려 내보내지 않으면 안 된다.

때문에 만약 소극적 생각이나 부정적 의문이나 공포심이 의식속에 들어가면 강력하고 적극적이며 창조적인 좋은 생각은 마음속에서 밖으로 밀어내 흘러 가버리면 결국 적극적으로 움직이는 활동력은 상실해 버리고 만다는 의미다.

　이런 까닭으로 잠재 의식 속에 불리한 생각이 들어가는 것을 허락하지 않으면 듣든가, 보든가, 체험하든가 하는 일 때문에 손해 받을 염려는 없다.

　바꿔 말하면, 마음속은 항상 적극적인 사고 방식으로 채워 놓는 일이 된다는 의미다. 그렇게 함으로써 비로소 외부에서 침입하려는 소극적이고 파괴적인 사고 방식을 제거할 수 있다는 의미다.

　철학자는 예부터 만약 행복하고자 하면 바쁘게 일하든가, 어떤 정신 집중이 가능한 작업에 몰두하라고 가르치고 있다. 그 이유는 어떤 한 가지 일에 정신을 빼앗기고 그 일에 정신을 집중하고 있으면 마음 한 구석으로 들어가고자 하는 여러가지 나쁜 잡념이 파고들 여유가 없어지는 것이기 때문이다.

　그러므로 의사는 사업가처럼 바쁜 사람을 향해 근심 걱정이나 고뇌에서 떨어져 마음의 전환을 꾀하기 위해 어떤 취미나 오락을 갖도록 권장하는 것이다.

　혹은 여행이나 환경을 바꿔보도록 하여 새로운 주거지에서 특별한 교우(交友)를 찾아 기분을 바꿀 것을 권장한다. 그렇게 하면, 병증의 기본이 되는 바람직하지 못한 사고 방식으로 움직이든가 나쁜 사실을 연상하는 기회 등도 없어지므로 병증의 회복을 빠르게 한다는 것이다.

과거에만 살지 않는다

생각나는 것은 미국군이 북 프랑스에 상륙할 때, 어느 노 부부가 귀한 자식을 잃은 것이다. 이 부부는 자식이 전사한 사실을 접하고 수 개월간 아들의 방을 군 입대 당시와 같은 상태로 놓아두었다.

일요일은 둘이서 방의 세간을 이쪽 저쪽으로 바꿔 놓든가 아들의 유품을 그리워하듯 만지작거리며 몇 시간씩 보냈다. 그런 식으로 언제나 죽은 자식의 추억으로 잠겨 있으면 드디어 2사람은 비탄 속에서 늙어가 마침내 세상을 버리는 일 밖에 다른 도리가 없다.

사랑하는 자식을 잃는다는 일이 얼마나 아픈 일인가는 잘 알지만 그러나 지나가버린 어제일로 기운을 잃기보다 지난 어제는 잊어버리고 내일을 생각해야 한다. 이 이야기는 이 점을 가르치는 것이다.

우리는 오늘을 살아가는 것이지 어제를 살아가는 것이 아니다.

사람을 접하는 사람의 마음가짐

자, 이상의 설명으로 우리는 여러 가지 사정, 경우, 물질적 대상에 이르기까지 마음 가짐 하나로 어떻게 해서라도 생활속에 받아들일 수 있도록 분명히 알았기 때문에 일상 중요하게 마음속에 간직하고 있는 염원을 현실의 것으로 할 수 있는가 여부를 항상 당신 혼자 힘으로 정해야 하는 것이다.

가령, 집이 좋다고 해 보자. 먼저 그 집의 그림을 마음속에 그려 놓았다고 하면, 그 것을 적극적인 말로 표현하지 않으면 안 된다. 무엇이든 각 자 생각대로 좋은 표현을 쓰면 좋다.

"저 새 집을 매입하는 것이다. 저 새 집을 매입하는 것이다." 하는 식이 좋을 것이다. 그러면 언제인가 그 집이 자기 것이 되는 것처럼 저절로 길이 열리는 것이다.

만약 당신이 세일즈맨이기에 어떻든 매상을 올려야 한다면, 앞에 말한 카드를 사용해 가능한 대로 빈번하게 "어떻게 하든 간에 매상을 올려야 한다"고, 자기 자신에게 말을 걸고 힘있게 말하는 것이다.

묘하게 신(神)이 가령, 들을 지 모르지만, 기대한 일은 대체로 실현된다. 때문에 반드시 매상고를 올릴 수 있다고 기대하고, 어떻든 그렇게 될 것이라는 신념을 가지면 우리가 실행하는 모든 것 위에 그대로의 것이 나타나는 것이다.

어느 보험회사 사원으로, 이 기술을 몸에 붙인 덕택에 1년이 채 못된 기간에 2백 퍼센트나 계약고를 올린 사람이 있다. 이 사람이 나에게 말했다.

"주임이 나에게 C씨를 찾아 가 계약을 받기까지 회사에 돌아오지 마라 하고 명을 받았다. 이 예상 손님은 호두처럼 굳은 사람으로 대충 넘어갈 사람이 아니다. 겁나게 고집쟁이이고 변덕장이라는 평판으로 어떤 세일즈맨이 가도 그 때마다 면회 사절을 당한다.

더구나, 보험 판매원 등을 받아들일 사람은 아니다.

부동산 등 상당한 재산이 있는 사람으로 내 생각으로 화재 보험을 비롯해 손해 보험에 이르기까지 어떻든 무엇이든 걸어 놓지 않으면 안 될 사람이다.

나는 나의 회사 계단을 내려가 거리를 걸으며 이 사람 사무실에 이를 때까지 자기 자신에게 되풀이 말했다. '너는 그 사람 계약을 받는 것이다. 그 사람 계약을 받는 것이다. 그 노인은 좋은 사람이다. 남이 무어라 하든 좋은 사람이다. 꼭 기분 좋게 만나 줄 것이

다. 이 쪽 요구를 꼭 받아줄 것이다.'

이렇게 2,3백번 반복한 끝에, 생각한 대로, 매우 친절하게 만나주고 2만 5천 달러의 계약을 해 주었다. 내 회사는 처음 이 노인과 계약이 성사된 것이다"

이 보험회사 사원은 얼마 전부터 일반직 보험 영업을 그치고 자기 영업을 시작, 지방에 출장소 등을 가지고 지금 현재, 지명 인사가 되었다. 얼마 전, 나를 만나고 '덕분에 이 것으로 일생 먹을 걱정은 사라졌다'고 털어놓았다.

잠재 의식에 의지한 생활

또 한 사람, 78세가 되지만 60세 정도로 밖에 보이지 않는 사람은, 나의 심리 기술을 열심히 신봉하는 사람으로 혼자 힘으로 드디어 막대한 재산을 축적했지만 지금은 돈보다 심리 연구 쪽으로 몰두하여 잠재 의식을 사용하는 실험에 바쁜 나날을 보내고 있다. 그 사람이 말하는 것이다.

"나는 잠재 의식을 향해 무엇인가 말할 때는 마치 누구인가 다른 사람에게 무엇을 명하는 형식으로 한다. 이렇게 말하면 과연 이 대로 실행해 주는 것인가 여부 등에 의문은 일체 갖지 않는다. 가령, 소화 기관이 나쁠 때는 '잘 나았으면'할 뿐인데, 그대로 되어 주는 것이다. 어떤 병증이라도 똑같다.

만약 아침 5시 자명종 시계 없이 일어나고자 하면, 잠재 의식에 깨워 달라고, 한 마디 부탁할 따름이다. 지금까지 한번도 내 소망을 들어주지 않은 때가 없다.

나는 전부터 그렇게 생각했지만 잠재 의식은 60세가 되면, 인간은 나이보다 무엇이라 믿게 해 주고 있음이다. 그러므로 잠재 의식이 그렇게 믿고 있으므로 인간은 힘 있는 것처럼 되어가는 것이다.

그러나 나에 관한 한, 그런 일을 거부한다. 나는 받아들이지 않는다. 나는 언제까지나 50세 나이와 같은 젊음이다. 이 대로 더 몇 년 계속할 작정이다."

이 같은 이야기에서 보아도, 당신의 잠재 의식에 나이를 먹었기 때문에 늙어 가는 것이라는 생각을 주입하지 않도록 한다면, 지금까지 천수라 하던 나이보다 훨씬 오래 살 수 있는 것이다. 그럴 가능성이 충분히 있다는 뜻이다.

반복하는 효과

반복한다는 사실은 사물이 진전하는데 필요한 일종의 리듬이므로 우주의 음악이라 말하기도 한다. 증기 기관차는 칙칙 폭폭 하고 무거운 객차와 화차를 멀리 까지 끌고 가며, 자동차 엔진을 움직이는 것도 반복되는 폭음이다.

항공기, 로켓포, 유도포탄 등 모두 그렇다. 또 터빈 식 날개 판에 물이 끊임없이 충돌하기 때문에 발전(發電)하는 것이다. 못을 박을 때도 똑똑 반복하고, 눈 앞의 것을 모두 가로로 후리쳐 쓸어 트리는 기관총도 푸드득 푸드득, 반복한다.

이처럼 반복함으로써 끊임없는 강한 힘이 발생, 그 것이 모든 장애를 제거하고 모든 저항을 물리치는 것이다.

자기 자신이 믿고, 또 남도 믿게 하는 것은 반복 실시되는 자기 암시와 외부 세계를 향하는 암시의 힘인 것이다. 의식적으로 반복하는 소리가 자기 잠재 의식에 이미지를 심어주던가, 또는 남의 잠재 익식에 깊이 파고드는 힘이 된다는 뜻이다.

2차 세계대전이 발발하기 앞서 파리의 어느 유명한 연구소에서 축음기 레코드를 사용, 암시 주는 방법을 가르쳤다. 그 것 역시 반복 반복, 같은 레코드를 내쳐 돌렸다.

암시를 듣고 싶은 사람은 먼저 자기가 찾는 레코드를 미리 선택하는 것이다. 가령, 자기는 건강 이든가, 이 난관을 벗어나야 한다든가, 혹은 어디서 구원이 온다든가, 그런 말을 반복, 들려주는 것이다.

예부터 엄마는 아기나 어린 자식들이 잠 자고 있을 때, 말을 걸어 모두 건강하게 크고, 자라라 하든가, 예의범절이 잘 갖춰 가지기를 바란다 하든가, 훌륭한 사람이 되라 하든가, 여러 가지 암시를 주었다. 잠 자고 있을 때를 맞춘 것이므로, 이 것은 분명 아이의 잠재의식을 향해 암시를 주고 있음이다.

정신 집중으로 위대한 업적을

많은 사람들은 어둡고 소극적인 사고 방식을 가진 남의 생각에 따라 재앙을 만나, 그 때문에 자기 생각이나 신념에 혼란을 일으키든가 좌절하든가 한다. 이런 이유로 실패하는 세일즈맨이 의외로 많다.

가령, 손님이 이러이러한 이유로 구매하지 않는다고 말하면, 그 말을 듣고 그 것을 암시로 깊이 자기 마음속에 받아들인다.

그런 소극적인 상대방 생각을 반복해 듣고, 그 것이 오랜 동안에 걸쳐 거듭되면, 상당히 견고한 신념의 주인공도 이에 움직여져, 마음속에 소극적인 생각이 부풀어 오르고, 이 때문에, 자기가 욕구하는 것에 생각을 집중, 적극적 자기 생각을 명확히 세워, 대항하지 않는 한, 늦든 빠르든 패퇴하지 않으면 안 된다.

그 중에 이 소극적 생각을 하는 상대방 힘에 대항하는 초인적 노력을 기울여, 강한 의지의 힘으로 항전하고자 시도하는 사람도 있다.

그러나, 상대의 암시에 걸리지 않도록 막아내는 힘은 그 노력이나 의지보다 오히려 자기가 마음 먹기에 달려 있다는 사실에 많은 사람은 정신을 쓰지 못하는 것 같다.

그러나, 그런 일에 정신을 쓰든 안 쓰든 상관없이, 우리는 모두 암시의 포로가 되어 있어 마치 최면술에 걸린 상태에서 사는 일이 많다.

가령, 일정한 모양의 복장을 몸에 붙이고, 일정의 유행을 따르는 것이 좋다고 하는 식으로, 부단히 주위에서 암시로 듣고 그렇게 믿게 되는 것이다.

주택, 교회, 절에서도 사무실이나 자동차나 버스 및 지하철에서도 몇 년간 같은 부류의 것이 계속 되고 있다. 자세히 점검하면, 인류의 모든 활동에 대해 우리 주위는 대중적인 최면술에 걸려 움직이는 것이라 말한다.

오랜 동안의 관찰에 따르면, 내가 말하는 사이언스 기술을 의식하고 이용하는 사람(무의식적으로 사용하는 사람도)은 놀랄 만큼 정력적인 사람이고, 발동기 같은 사람이라고 말한다.

그들은 상상력을 살리고 강한 신념을 가질 뿐만 아니라, 행동 방면에서도 모든 실력형의 활동가다. 이 때, 강조해 말하고 싶은 것은 '행위가 따르지 않는 신념은 죽음이다'는 사실이다.

의심할 필요 없이 이 지구 상에 집중된 생각만으로 곧, 사무실에

갇힌 채로 남과의 어떤 접촉 없이 놀랄 만큼 훌륭한 큰 사업을 하는 사람이 있다. 그러나 이른바 물질적 세상 가운데 대체로 행동 력 있는 사람이 세상을 지배하는 것이다.

위대한 발전기 같은 정력을 가지고 남에게도 정기를 부어 주는 사람이 세상을 지배하는 것이다.

전기 기구 발명의 귀재 니코라 테스라는 그 재세 중에 다분히 누구보다 진동법칙을 파악하고 있었지만, 포켓에 숨겨둘 수 있는 작은 기계로 뉴욕 제일의 고층 건축물인 엠파이어 스테이트 빌딩을 산산조각 낼 힘 있는 것이 있다고 공언했다. (사실, 테스라가 전 세기 말경, 그처럼 작은 도구를 사용 처음 실험을 시도할 때, 뉴욕 다운 타운의 건물 몇 채 씩 흔들어 창 유리를 깨고, 사무실 가구를 옮겨 놓게 했다)

그 기계는 테스라의 마음속에서 나온 것으로, 그의 정신이 그 것을 창조한 것이다. 이야 말로 '신념을 행동으로 뒷받침한 것'이란 실례를 보이는 이유다.

형이상주의자나 신비(神秘) 교 교사들은 자기 방 속 객석에 꼼짝 않고 손님을 앉혀 놓고 무엇이든 주문한 것을 영상으로 그리게 하고 그 것을 쉴 사이 없이 실현시켜 줄 수 있다고 공언하지만, 그런 일이 가능 하려면 마음의 그림이나 사고의 방사가 정확하고 부동의 것이 아니면 안 되고, 위대한 수업과 함께 사념의 강력한 집중을 필요로 하는 것이다.

즉, 비상한 숙련과 정신 집중이 가능하면, 좀더 놀라운 이상한 현상이 일어나는 것도 기록되고 있다. 그러나, 그런 정신력을 또 육성하기까지 숙련돼 있지 않은 사람들은 노력과 정력을 기울여 마음속에 그려 놓은 사항을 실현하기 위해, 잠재 의식이 명령한 대로 행동하는 것이 지름 길이라 생각한다.

일찍 미국 대통령 F 루즈벨트는 부단히 잠재 의식에 의지해 암시를 반복하면, 그대로 사물이 실현된다고 믿은 사람이다. 그리고 결코 '뒤를' 보지 말고 '앞'만을 보고, '어제'의 일은 전혀 무의미하므로 덮여진 책과 같다고 생각했다.

소아마비로 고통받고 병후 웬 일인지 송엽장을 쓰지 않고 스틱만으로 걷도록 하겠다고 결심했다. 가까운 친척도 다시 걸을 수 있도록 기도하고 그 징표로서 지팡이를 보냈다. 루즈벨트 대통령은 기쁨에 넘쳐 밤새껏 지팡이에 기대서, "프랑크, 당신은 반드시 또 걸을 수 있을 꺼야!"

하고, 자기를 향하여 반복해 말했다는 사실은 그 장면에 마침 어울리는 사람의 실화다.

그는 믿는 바의 위력을 굳게 믿은 것이다. 어느 의사가 소아마비 경험자인 그에게, 투병법의 체험을 물어보자, 그가 말했다.

"조용히 운동하는 일, 마사지와 일광욕이 중요하다. 그러나 그 것보다 더 중요한 것은 환자 자신이 이 병증은 결국 낫는다고 믿는 일이다."

이 것은 내가 말하는 '믿는 바의 신비'를 실제 증거하고 있다. 반복해 암시를 주는 일은 신념을 구축하는 근원이 되는 것이다.

6부

거울이
잠재의식을
약동시킨다

거울이 잠재 의식을 약동시킨다

인간 고민의 대부분은 돈이 부족한 데서 일어난다. 이 신념의 사이언스를 사용, 천 달러의 돈 묶음을 몇 개 손에 넣은 이야기를 나에게 들려준 사람도 또 편지를 해준 사람도 있다. 이 방법을 사용해 모든 정력을 바쳐 실시하면 돈은 반드시 마련된다.

한 가지 사실에 생각을 집중하는 사념(思念)의 힘에 따라 돈을 끌어당길 수 있다. 일단 그 것이 지평선 위에 모습을 보이면 그 것을 손에 넣는 방향으로 사고력이 당신을 인도해 가는 것이다.

내가 투자회사 일을 하고 있을 즈음, 많은 자산가와 가까이 만나 보았지만 그 사람들은 모두 강한 '재물 의식'을 가지고 있었다. 그들은 재산을 모으는 일에 생각을 집중, 그 것을 손에 넣기 위해 이 책의 앞 머리에 쓴 나의 체험과 대체로 유사한 용법을 사용하고 있다.

그 같은 기술은 당신이 무엇을 요구한다 해도 대개 비슷하게 사용된다. 자기가 욕구하는 것을 마음속에 이미지로 강하게 새겨 놓고, 부단히 자기를 향해 그 것을 손에 넣는 사실을 반복해 말하는 것이다.

그러나 어느 기간이라는 것은 눈을 크게 접시처럼 뜨고 기다리기만 해도, 목적한 것이 한 사람 손에 굴러 들어오는 것은 아니다.

먼저 스스로 작업에 손을 대고 행동을 일으키지 않으면 안 된다. 항상 마음속에 목표를 놓고 가능한 대로 불필요한 비용을 절약하고 그 만큼의 돈을 적립하는 것이다. 가령, 다달이 봉급 가운데 얼마인가를 절약해 그 것을 적립하는데, 자기 것이 되는 목표 자산에, 한 발 씩 접근하는 것이다.

이런 식으로 생각하고 가능한 대로 많이 절약하는 것이 좋다. 많이 저축할수록 그 만큼 빠르게 목표 재산이 모아지는 것이다.

그리고 모인 돈은 이식을 가져오는 분야에 투자하는 것이 좋다. 모험이 따르는 주식시장 투기는 안된다. 분명한 증권이든가 토지이든가, 혹은 자기 사업에 넣는 것이 좋다. 그 투자가 당신의 재물 의식 아래서 늘어남에 따라, 당신의 지분이 점점 늘어가게 된다.

유리한 투자 기회는 생각도 하지 못한 미지의 방면에서 많이 샘솟는다. 그러나 많은 사람들이 자주 하는 거품을 쫓는 떠돌이 일에 손을 대면 안된다. 얼마 안 되는 돈이라도 투자할 때는 사전에 건실한 사람 의견을 받아들이지 않으면 안 된다.

거울을 사용하는 기술

모든 물질계의 사물이 처음은 사고다. 누군가의 마음속에 있던 생각이다. 상품을 파는 사람은 사실 사고를 팔고 있는 것이다. 가령, 기계라고 하면, 그 것은 기계가 행하는 작업능력을 팔고 있는 것이고, 만약 음식이라면 어떤 영양이 있고, 얼마나 좋은가 내용을 팔고 있는 것이다.

모든 것은, 이처럼 사람 생각이 만들어낸 것으로 모든 사업, 모든 재산은 사고의 결과 만들어진 것이다. 누군가 상상의 과정이 있어, 이에 따르는 행위가 추가된 결과로 만들어진 것 밖에 아무것도 아니다.

나는 유명한 잔젠 해수욕복 제조회사인 잔젠 편물 공장의 발전 상황을 최근 수 년간 주의 깊게 지켜보았다. 이 회사는 온전히 한 가지 사고 방식으로 발족해 마침내 지구를 한 바퀴 돌 정도의 큰 기구로 발전한 것이다.

나는 임원 회장 인 센드 바워와 몇 차례 이 마음의 사이언스 문제에 대해 의견을 나누고 그이로 부터 다음 편지를 받았다.

"세상 어떤 사람들은 어떤 부단의 힘을 배경에 가지고 있어 일사천리로 성공하고 있다. 그런데 또 어떤 사람은 분골쇄신 노력해도 그 성격 가운데 어떤 무엇이 부족해, 안정적으로 성공하는 저쪽 강가의 도달이 불가능하다."

'나는 그와 같은 어떤 일을 부모님에게 배웠다고 생각한다. 우리 자식들이 어떤 불평이 생기는 것을 말하면 어머니는 "불평을 말하지 말아라. 이런 놀라운 세상에 살아갈 수 있는 것은 얼마나 행복한 일인지 모른다. 힘 내고 웃으며 눈 앞의 행복을 고맙다고 생각해라"하고, 입 버릇처럼 가르쳐 주었다'

'아버지도 "모두 밝은 면을 보아라. 어둔 면은 보지 않는 것이 좋다. 먹구름이라도 그 위에 햇볕이 비추어 반짝반짝 빛나고 있는 것이다. 그 장면을 생각해라"하고, 늘 들려주었다. 그런 말을 듣고 자란 나는 당신의 사이언스를 진정으로 존중하고 있다. 어떤 경우에 처한 사람이라도 반드시 도움될 것이라 생각한다'

지금의 특히 거친 경쟁의 세상에서 일정 직업을 가졌지만, 이에 어울리는 마음의 준비를 확실히 갖춘 사람이면 몰라도, 어떻든 그 마음을 마침 가지고 있지 않은 사람에게, 생각한 직업은 좀처럼 찾아보기 어려울 것이다.

사물에 모두 순서가 있다. 먼지 자기가 좋은 일을 맡을 자격이 있다고 느끼면, 그 것을 굳게 믿고, 그를 위해 충분히 준비를 하고, 이 토대 위에서, 이 사이언스를 응용하면 직업이든 무엇이든 쉽게 차지할 수 있을 것이다.

어느 유명한 회사 임원은 나에게 다음과 같이 말한 적이 있다.

"많은 사람이 직업을 찾아도 좀처럼 찾아지지 않는 것은 자기에 관한 것만 생각하기 때문이다. 고용주를 위해 어느 정도나 도움이 되는가를 상대 입장이 되어 생각하고, 그 점을 고용주에게 분명하게 인상 줄 수 있으면 좋을 것이다.

그러나 대부분 이 사실을 조금도 생각하지 않는다"

이렇게 말하면, 고용주는 매우 현금주의자 인 것처럼 들릴지 모른다. 그러나 경쟁 사회에서 모든 고용주가 현실로 직면하고 있는 것은 이기적인 문제 뿐이다. 이런 금언이 있다.

"만약 당신이 자신의 생각을 행하지 않으면, 자신의 생각을 행하는 사람의 생각을 당신은 행하라"

바로 이 말이 맞는다. 이 것이 지도자 되는 사람과 피고용인 되는 사람의 갈림길이다. 자기 생각이나 자기 창조력을 발휘할 수 있는 사람에게 고용되는 입장에 서는 것이다.

가령, 머리를 써서 사물을 생각하는 과업을 하고 싶지 않은 사람은, 체력을 가지고 일하지 않으면 안 된다. 그리고 그런 일을 하는 사람은 남보다 낮은 수입으로 만족하지 않으면 안 된다.

따라서 당신이 하고 싶다고 생각하는 일이 있다면, 그 것을 마음의 눈으로 그리고 마음의 눈을 크게 뜨고 그 것을 보아야 한다. 그리고 앞에서 말한 카드를 사용, 그 것을 끊임없이 마음속에서 반복하고, 목표에 대한 신념을 당신의 생명력에 녹여 내어 몸 속의 피와 뼈, 그 밖의 조직에 파고드는 일이 중요하다.

자기가 바라는 과업이나 사물을 눈 앞에 떠 올릴 수 있게, 마음속에 실제로 그려보는 것이다. 이 것이 가능하면, 목적은 반드시 실현될 수밖에 없다. 하루 종일 부단히 마음속에 굳게 계속 지닐 수 있는 것은 조만 간 현실이 되어 나타나는 일은 기정 사실이다.

나는 거울의 기술을 알았다

앞에서 내가 자세히 말한 카드에 의한 기술을 잊지 않았는지, 그러나 여기 또 하나 거울을 사용하는 기술이 있다. 그 방법을 설명하기 앞서, 이 것이 어떤 효과가 있는지 보이는 한 가지 에피소드를 먼저 말하기로 한다.

거울의 사이언스를 카드와 함께 사용하면 일층 효과적으로 더욱 쉽게 실적을 올릴 수 있다.

수 년 전, 나는 제재(製材) 기계에 대해 많은 특허권을 가진 어느 대 부호의 저녁 모임에 초대 받은 일이 있다. 여기 모인 손님은 신문 사주, 은행가, 공업 분야 사업가 등 다수로 1급 호텔 대 연회장에 초대되어 제재소의 새로운 설비에 대한 여러가지 설명을 들려 주었다.

식사에 앞서 나온 혼성주로 대단히 자리가 떠들썩하고, 얼마 되지 않아 주인까지 몹시 취해 버렸다. 드디어 만찬이 시작될 무렵, 그가 몹시 술에 취해, 침실 쪽으로 가, 옷장 앞에서 취한 모습을 보고 있기에 도움 될 수 있을까 해, 나는 그 방 출입구까지 들어갔다.

그러나 거기에 서서 보니, 그는 옷장 양쪽을 양손으로 잡고 몸을 의지해, 거울 속을 바라보고 흔히 술주정꾼이 주정하듯, 무엇인가 불평의 잔소리를 늘어 놓는 것이다.

드디어 그의 말은 점점 분명해져, 내게도 그 의미를 확실히 알게 되었다. 나는 몸을 조금 끌어당겨 그가 하는 모양을 보고 있자 하니, 그는 이렇게 투덜대는 것이다.

"존, 너는 무어야, 손님은 모두 너를 취하게 해 놓고, 즐기고 있는 것이야. 여기서 지면 안 되는 것이야, 너는 취한 것이 아니야. 조금도 취하지 않았거든, 취기를 잘 진정시키고 있는 것이야. 오늘은 네가 주인 역이고, 취하면 안 되는 것이야."

이런 말을 되풀이하고, 거울에 비추어진 자기 눈을 물끄러미 바라보는 중에 그의 얼굴 빛은 이윽고 바뀌어 갔다. 몸의 자세 역시 마침내 반듯해 지고, 얼굴 근육도 보고, 보는 가운데 조여졌다. 흐리멍덩한 꼴은 어느 틈에 사라져버렸다. 겨우 5분 사이에 일어난 일이다.

나는 경찰 출입 기자를 했으므로 멈추지 않는 주정꾼 등을 많이 보아 왔지만, 이렇게 급히 술이 깬 사람을 본 적은 없다. 내가 보고 있는 것을 그가 눈치 채지 않게 하는 것이 좋다 생각하고, 나는 곧 그 곳을 떠났지만, 잠시 후, 식당에 가 보자, 그는 테이블 앞쪽 주인석에 정확히 자리를 잡았고, 얼굴은 아직 조금 발간 상태이지만, 취한 모습은 내색도 하지 않았다.

식사가 끝날 즈음, 그는 바로 획기적인 신 계획에 대한 확신을 마치 1장의 그림을 보여주듯 선명하게 설명하고, 줄지어 앉은 사람들에게 깊은 감명을 주었다. 그리고 몇 년 후, 내가 잠재 의식을 깊이 연구하게 되어, 이 술 주정뱅이가 잠깐 동안 술에서 깨어나고, 꼼꼼한 주인 역으로 돌아오는 과정을 생각해 보면, 사이언스에 대한 나의 확신은 마침내 깊어진 것이다.

그 후, 나는 오래 동안 거울의 기술을 많은 사람들에게 가르쳐 왔지만, 이를 이용해 놀라운 효과를 올린 일이 이따금 있다.

말할 수 없는 고민을 가슴에 안고 나에게 도움을 청하러 오는 사람이 매우 많이 있다. 그 가운데 부인도 적지 않다. 대부분 부인은 흐느껴 울며 마음의 고민을 호소했다. 그 때, 나는 그 사람들을 신장 크기의 큰 거울 앞에 세우고, 자기 모습을 스스로 잘 보도록 했다. 자기 눈으로 볼 적에 거기에 무엇이 보이는가?

기가 죽어 그늘진 울상의 얼굴인가? 아니면 한 사람 용기 있는 투사의 모습인가? 자기가 자기의 얼굴을 어떻게 보는가 하고 물어 보면, 이 사람들은 갑자기 자기의 우는 얼굴에 매달린다.

여인은 자기 모습을 거울에 비추어 보면, 적어도 우는 일은 할 수 없게 되는 모양이다. 이 것은 놀라운 발견이다. 그 것은 자존심 때문인가 수치심 때문인가, 약점을 남에게 보이고 싶지 않은 것인가?

그 어떤 것이든 왜 울음을 그치는가 하는 것은 여기서 문제 삼을 필요가 없다. 그보다 중요한 것은 자기가 자기 모습을 거울로 볼 때, 눈물이 마르고 만다는 사실이다.

대 웅변가나 설교가나 배우나 정치가 등은 모두 예부터 거울을 사용하는 기술을 알고 있는 사람들이다. 영국 수상 W 처칠은 미국의 명 정치기자 D 피아슨에 따르면, 중요한 연설은 반드시 거울 앞에서 일단 시연(試演)하는 것으로 하고 있다.

또 미국 대통령 W 윌슨도 그렇게 했다고 피아슨은 말하고 있다.

내 생각으로 그렇게 함으로써 연설자들은 잠재 의식에 활력을 불어넣게 되는 것이다. 이 것을 비행기 엔진에 비유해 보면, 연료를 추가해 보내는 공급기 같은 역할을 하여 연설자가 연단에 섰을 때, 체내에 활력이 넘치고, 그 것이 청중 머리 위로 흘러가고 깊은 감명을 주게 되는 것이다.

연설에 앞서서 거울을 향해 시연하면, 자기 제스처나 말이나 음성이나, 청중을 바라보는 태도 등에 대해 이윽고 자기가 연단에서 행하는 장면속의 자기 모습을 깊게 마음에 새기는 결과가 되는 것이다.

거울을 봄으로써 그 사람 마음의 진동파는 강화되고, 말이 갖는 뜻과 힘도 강해져, 청중의 잠재 의식에 직통으로 깊게 들어갈 수 있게 되는 것이다.

유명한 복음 설교가 B 산디는 어떤 인간적 자력(磁力)이 있다고 세간에서 말하고 있다. 이 것은 그가 거울의 기술을 체득한 것이기 때문이다. 신문 기자 인터뷰 기사에.

"산디는 호텔 방을 맹수처럼 우왕좌왕하고 눈을 쏘아 창밖을 보는가 하면, 한쪽 다리를 창틀 문턱으로 올리고 드디어 양손으로 화장 탁자를 굳게 잡으며 그 사이 끊임없이 거울에 비치는 자기 모습을 계속해 보고, 연설을 시연하는 것이다"

미국에서 유명한 어느 보험회사 세일즈맨은 일찍부터 신념의 사이언스를 활용해 이렇다 생각하는 중요한 예상 손님 있는 곳에 찾아갈 때, 반드시 거울 앞에서 보험 권유 실연을 실행하는 것으로 하고 있고, 일찍 한번도 결한 일이 없어, 그 계약 고 실적은 경이적이다.

세일즈맨이 자주 들려주는 말에,

"만약 자신을 설득할 수 없다면, 남을 설득할 수 없다"고 하는 말이 있지만, 이 말은 바로 진리인 것이다.

종교든 군사든 역사상 모든 대중운동은 전부 1개인으로부터 나온 것으로, 자기의 사고 방식에 대한 불타는 신념이 다른 수만의 사람 생각을 바꾸고, 자기 쪽으로 군중을 끌어들이는 것이다. 심리학을 깊이 연구하지 않아도, 1사람 인간의 넘치는 정열은 곧바로 다른 사람에게 옮겨간다는 것 정도는 누구도 아는 사실이다.

거울을 사용하는 것은 그런 효과를 낳는 간단하고도 유효한 방법인 것이다. 이에 따라 세일즈맨은 자기 수완에 대한 신념을 강화함과 동시에 열이 찬 위력을 남에게 전할 수 있는 것이다.

나의 사이언스로 말하면, 거울의 기술은 먼저 자기 잠재 의식의 위력을 불러 깨우고, 상대의 잠재 의식에 곧바로 통하게 해, 상대를 쉽게 설복할 수 있는 유효한 방법이다.

우리 일상은 사람이 알든 모르든 불문하고, 항상 어떤 무엇을 팔고 있는 것이다. 물품이 아니면 자기 인격이나 서비스나, 그렇지 않으면 사고(思考)를 파는 것이다. 실제로, 우리 인간 끼리 서로 관계를 맺어 생활해 나가는 공간에서 반드시 상호 간에 무엇을 팔든가 사든가 하는 관계가 근본을 이룬다.

남을 설득하여 자기가 생각하는 방향으로 끌어 나갈 때, 역시 같은 관계가 성립된다는 의미다.

법률상 계약이든 의견의 합치 등도 결국은 '마음과 마음이 만난다'는 것이다. 어느 한 쪽이 상대방 사람을 자기 사고 방식으로 끌어들이지 못하면, 마음의 합치 등은 도저히 바랄 수 없다.

더욱이 중요한 점에 대해 마음과 마음이 합치되면, 다음은 매우 맥 빠지는 간단한 것으로, 계약서에 서명 받는 일 등은 1, 2 분 안에 끝나게 되는 것이다.

경제 불황 당시, 나는 각 방면의 점포나 기업체 영업부와의 관계로, 매상 증진을 위해 그 때, 거울 사용방법을 소개하고, 놀라운 실적을 올리게 했다.

양과자 파이를 제조하는 회사의 배달용 차 뒷문 속에 모두 거울을 달게 했다. 자신이 차를 운전하고 영업에 나가는 세일즈맨들은 배달하는 파이를 싣고자 차 문을 열면, 가장 먼저 얼굴이 향하는 것은 거울에 비친 자기 얼굴이다.

나는 한 사람 한 사람에게 훈시하고, 모두가 단골 거래 소매점에 들어가기 전에, 오늘은 몇 개의 파이를 팔 것인가 하고, 미리 마음속으로 결정하라고 가르쳤다.

그리고 거울 속 자기 자신을 향해 그 만큼의 물품을 거래선 점포의 카운터 위에 반드시 놓고 돌아오도록 단호히 자기자신에게 말하도록 명했다.

그리고 수 개월 후에, 1사람 배달원이 하는 말에 따르면, 어느 레스토랑 여 주인에게 한 개라도 좋으니 팔겠다고 오랜 동안 필사적으로 노심초사했지만, 아무리 해도 매입해 주지 않았는데, 거울 기술을 사용해 보자, 그 날은 의외로 10개의 파이를 판매할 수 있었다는 것이다.

이 이야기를 나에게 들려줄 때, 그는 매일 정해 놓고 15개 파이를 팔 수 있던 것이다.

거울을 사용하는 회사의 번영

보험회사나 금융회사를 비롯해 고무회사나 또는 자동차 대리점 또는 제과회사 등처럼 세일즈맨이 많은 회사에서 이 거울의 기술을 유효하게 사용하고 있다. 내가 전에 있던 회사에서 눈 앞에 다가오는 괴로운 형편을 앞에 두고, 180도의 절실한 방향 전환을 하지 않으면 안 되어, 먼저 사무실 뒤쪽, 종업원들이 모자 및 외투를 걸어 두는 방에, 거울을 걸어 이 기술을 시험해보기로 했다.

사원이 그 방에 출입할 때 반드시 눈에 띄는 장소에 거울을 놓았다. 처음은,

"자, 승리하자" "불굴의 정신에 불가능은 없다" "우리에게 배짱이 서 있다. 그 것을 실증하자" "패퇴이냐 번영이냐?" "오늘은 얼마를 팔 것인가?" 등 여러 가지 슬로건을 종이 조각에 써 붙여 놓았지만 나중에 비눗물 페인트로 직접 거울 면에 써 버렸다.

매일 아침 새로운 슬로건이 차례로 나타났다. 우리와 동업 회사 등도 어떻든 패짐을 피하기 위해 필사적으로 발버둥 칠 때라, 우리

는 어떻든 간에 이 어려운 지경을 벗어나려고 고심참담 발버둥치고 있었다. 그 후 이 거울 장치를 늘려 사무실 입구 문 뒤쪽에도 별도의 거울을 끼워 넣었다.

세일즈맨이 외출하기 전에 반드시 이 거울을 보고 거리로 나간다는 뜻이다. 그 후 다시 세일즈맨이나 임원 등 전 사원의 책상 위에 캘린더 틀 속에도 거울을 넣도록 했다.

그 때문이겠지만, 놀라운 사실은 불황은 바닥을 쳤음에도 불구하고, 세일즈맨들은 1사람 남김없이 그 수입이 3배 내지 4배로 늘어났다. 그 이후 계속, 그 성적을 그대로 유지하고 있다. 그 중에 호황 때도 월수 3백 달러를 겨우 넘는 사람들까지 수 년 전부터 오늘까지 계속해 월수 천 달러를 확보하고 있다.

당신에게 미심쩍은 일이라 생각할지 모르지만 이 것은 거짓없는 이야기다. 나의 서류철에 화사 사원이나 세일즈맨 등으로부터 받은 수많은 편지가 보관되어 있지만, 거울을 사용하면 얼마나 효과가 있느냐는 것을 사실을 가지고 입증하고 있다.

여기서 이 거울 사용법의 요령을 설명하기로 한다. 먼저 거울 앞에 서는 것이다. 거울은 몸 크기의 것이면 이상적이지만 그렇지 않더라도 몸의 허리 위쪽으로 충분히 비칠 정도의 크기면 좋다.

먼저 그 앞에 서서 군대의 차려 자세를 취한다. 곧게 서고, 발 뒤꿈치를 모으고, 배를 넣고, 가슴을 펴며, 턱을 당기고, 머리를 쳐든다. 그리고 3,4회 심호흡을 하고, 몸 안에 자신과 힘과 결의가 샘솟기를 기다린다.

이어 거울 속의 자기 눈 속을 들여다보며 욕구하는 것을 반드시 완수하겠다고 자신을 향해 말한다. 그 욕구 사항은 입을 열고 자기 귀에 들릴 정도 큰 목소리로 말하는 것이 좋다. 이렇게 하면 자기 입술의 움직임이 보이고, 자기 말이 귀에 남는다는 뜻이다.

이 것을 적어도 1일 2회, 아침 저녁으로 실행하기를 습관처럼 하면, 그 결과로 자기조차 놀랄 정도의 일이 나타난다는 것이다.

이 효과를 다시 깊게 하려고 생각하면, 비누로 거울 면에 좋아하는 슬로간이나 표어를 쓰는 것도 좋다. 가령, 자기가 오래 전부터 마음속에 그려 놓은 사실이든지, 현실로 나타나기를 눈으로 보고 싶다고 염원하는 것을 쓰면 좋다. 이 것을 2일, 3일 하고 계속하는 가운데 지금까지 느껴보지 못한 자신(自信)이 몸 속에 넘쳐날 듯 그득하게 차오르는 것을 깨닫게 될 것이 틀림없다.

만약 특별히 완고한 예정 손님을 방문할 때이거나 혹은 오래 전부터 두렵게 느껴진 회사 사장 등을 인터뷰 하려고 할 때, 이 거울의 기술을 활용해 아무 두려움 없이 말하고 싶은 것만 말할 수 있는 자신이 들 때까지, 거울을 향해 연습을 계속하면 좋다.

만약, 연설 같은 것을 할 때이면, 어떻든 간에 거울 앞에서 시연할 일이다. 몸 동작도 덧붙여 주먹으로 손바닥을 때리고 의론의 주지를 청중 마음속으로 집어 넣는, 자기에게 가장 무리가 없는 자연스러운 제스처를 사용해 보는 것도 좋다.

거울 앞에 서면, 자기가 눈부신 성공자가 되는 일, 그리고 세상 무엇이든 두려워하지 않는 등 내 자신부터 들려줄 일이다. 그런 일을 바보 같아 할 수 있겠나 하는 사람도 있을지 모른다. 그러나 잠재 의식을 향해 제공된 모든 염원은 모두 현실 인생에서 그대로 구현되는 것이다. 그 것을 잊으면 안 된다.

잠재 의식은 평소의 염원을 쉽게 수용해 주면, 그만큼 그 욕구는 쉽게 위력 있는 모습으로 마음의 이미지로 나타나, 드디어 그 것이 외부 세계에서 실현되는 것이다.

다만 자기가 이런 일을 하고 있다는 사실은 너무 경망스럽게 남에게 말하지 않는 편이 좋다. 그런 이야기를 들으면, 바보라 웃는 사람이 없다고 할 수 없고, 이런데 연유해 자신이 흔들리는 형편이 되면, 안 되기 때문이다. 특히 이 사이언스를 배우는 초기에 이런 주의도 매우 중요하다.

또 회사 임원이 영업 책임자 등의 처지가 되어, 아래 기구 전체의 사기를 올리고 싶다고 생각할 때, 사원들에게 거울 기술을 가르쳐 실행시키면, 반드시 큰 효과를 거둘 수 있다. 현재 많은 회사가 이 것을 실용, 실적을 올리고 있는 것은 사실이다.

눈의 힘은 그 사람을 나타낸다

눈의 힘에 대해 여러 가지 써 놓은 것이 있다. 눈은 마음의 창으로 당신이 마음속으로 생각하고 있는 사실을 밖으로 나타내는 것이다. 눈은 사고만이 아니라, 마음속을 분명하게 표현하는 것이다. 금언에도 있는 것처럼, 인간의 가치를 매기는 정가표라고 한다.

그러나 이 거울 기술을 실행하면 우리마저 놀랄 정도로 자기 눈에 차밍한 색채나 동적인 힘이 어리는 것을 잘 알게 된다. 이 힘은 무엇이건 꿰고, 모든 것을 속 깊이 간파하는 깊은 눈 표정이 되고, 상대는 내 혼의 마음속까지 꿰뚫어 보는 것이 아닌가 하는 기분이 드는 것이다.

그리고 어느 틈에 눈에 강한 박력이 가득 차 있어, 상대방 사람을 이 마음의 박력에 압도되게 한다.

에머슨은 사람의 눈을 보면, 그 사람 지위가 분명하게 나타난다고 써 놓았다. 모든 사람은 인생의 위세와 지위를 눈 속에 넣고 걸는다는 사실을 잊으면 안 된다. 그러므로 한번 보고, 자신에 찬 것이 있다고, 남이 생각하게 하는 눈의 힘을 기르는 일이 좋기 때문에, 그를 위해 거울의 이용은 매우 유효한 것이다.

거울의 기술은 여러 모로 이용되고, 놀라운 효과를 거두고 있다. 예를 들면, 만약 자세가 나빠, 걸음걸이가 야무지지 못하다고 하는 사람은 전신 크기의 큰 체경 앞에서, 자세 고치는 노력을 하면, 눈에 보일 정도로 효과가 오른다.

거울은 남의 눈에 비치는 것만큼 비추어 준다. 때문에, 거울 앞에서 연습을 하면, 남이 보아주기를 바라는 이상적 모습으로 자기를 만들 수 있는 것이다.

가령, 연극에서 어느 인물의 역할을 맡게 되면, 어느 틈에, 그 배역의 사람으로 닮아 간다고 한다. 그렇게 본다고 하면, 거울 앞의 시연만큼 유효한 것은 없다. 이렇게 보아도 사이언스에 허영(虛榮)은 없는 것이다.

그러므로 경솔한 마음으로 거울을 이용하면 안 된다. 참으로 자기가 동경하고 그처럼 되고 싶다고 마음속으로 그리는 인물로 자기를 만들기 위해 사용하는 것이다.

훌륭한 인물로 세상에 이름을 들어낸 많은 위인은 이 거울 기술을 사용해 자기의 사람됨을 만들고, 세간의 사람들을 지도하는 힘을 배양했다는 역사적 사실이 있기 때문에, 전도에 대망을 품고 있는 사람들은 가능한 대로 이를 이용해야 한다.

또 직각력이나 벌레의 알림이라는 사실에 대해서도 흔히 써 놓았다. 일부 심리학자는 이처럼 직각적으로 떠 오르는 생각은 광활한 창공에서 느닷없이 떨어져 내려오는 것이 아니라, 지금까지 체험하고 습득하고 축적한 여러 가지 지식이든가, 혹은 일찍 보고 듣고 한 사실 등에서 생긴 일종 종합적 결과라고 말한다.

그러나 그런 관측이 가능한 것은 화학자나 발명가들처럼 오랜 동안의 연구 끝에 얻은 지식이나, 지금까지 계속한 세일 수 없이 많은 실험 성적을 토대로 해, 그 다음은 실패로 끝날지 모르지만, 어떻든 새로운 시험을 그 위에 쌓아 보고자 하는 방식을 쓰는 사람에게, 어느 정도까지 꼭 들어맞을 지 모른다.

그러나 내가 믿는 바에 따르면, 대다수 발명이나 위대한 착상이나 걸작 등은 잠재 의식에서 만들어 내는 것으로, 일찍 마음에 심어 놓지 않은 것도 많은 것이다.

우리가 현재 익숙해지는 풍습이나 또는 현재 이용하고 있는 물품 등은 모두 처음 어떤 누구의 마음에 하나의 착상으로 느닷없이 떠 오른 것이다.

처음은 어떤 벌레의 알림 인가 직감의 번득임, 혹은 무엇이라 불러도 좋지만 그런 독창적인 것이었다. 그러므로 자기 머리에 직감적으로 떠 오른 생각을 소홀히 하지 않는 것이 중요하다. 이와 동시에 어떻든 여기에 의지해야 한다.

위대한 지도자, 사업가, 발명가 등으로 성공한 사람들은 일손을 쉬고 느긋할 때이든가, 당면문제보다 어떤 다른 일을 하는 본 줄기의 일과 떨어져 있지 않은 때, 느닷없이 머리에 떠 오른 생각이 결국 발전해, 그 것을 기초로 위대한 과업을 완성하기에 이르렀다는 일이 많은 것이다.

잠재 의식의 작용에 의해 어려운 문제를 해결하는 것은 먼저 모든 각도에서 전체를 의식적으로 검토한 후, 밤에 잠들기 전에 잠재 의식을 향해 어떻든 이 문제에 대한 해답을 달라고 부탁하는 것이다.

그렇게 하면, 한밤중에 급히 눈을 뜨고 그 해답이 머리에 떠 오르든가 혹은 아침 눈을 뜨면, 즉시 그 해답이 머리속에 순간 떠 오르는 것이다.

그렇지 않으면, 낮 동안에 작업과 전혀 관계 없는 다른 일에 열중하고 있을 때, 느닷없이 좋은 생각이 떠오르든가 하기 때문에, 그런 때, 빠뜨림 없이 그 것을 그대로 받아들이고, 조금도 당황해 하지 않고 그 지시에 따르는 행동에 나서는 것이 좋을 것이다.

가령, 어떤 이웃 사람을 찾아본다든가, 전화를 걸어 보고자 하는 제6감적인 생각이 잘 생기므로 그 때 머리에 떠 오른 사람은 어딘가의 사장이고 그 사람이 어떤 훌륭한 방법으로 힘을 빌려 줄 지 모른다.

 그러나 그 사람 지위가 매우 높아, 이것저것 생각하면 주저 하게 되고 곧 만나러 갈 기분이 들지 않을 때가 있다.

 한 쪽은 제6감의 생각으로 찾아보도록 명을 받고, 다른 쪽은 주저함이나 뒤로 꽁무니 빼는 일이 있어 이 2 측면의 중간에 끼어 괴로울 때도 있다. 그럴 때 유감이지만 두려움이나 주저하는 쪽이 대부분 눌러 이기고, 드디어 방문을 보류하기 쉽다.

 이처럼 두렵고 주저하는 느낌이 들 때,

 "내가 그를 만날까, 전화를 걸까 하든가 하면, 어떤 자기에게 손해가 되는 것은 없는가? 어떤 해가 있는가?"

 하고, 자기에게 물어보면 좋다. 그렇게 하면, 두려워하든가 주저할 이유가 어디에도 없다고 알 것이다. 때문에, 생각은 주저할 것 없이, 그대로 실행할 일이다.

이 사이언스를 내기에 걸지 말라

그러나, 여기서 한 가지 주의 해 두고 싶은 것은 모험적인 생각이나 행동은 삼갈 일이다. 가령, 트럼프나 경마 등에서 내기를 하든가, 또는 주식 시장에서 엄청난 이익을 보는 것을 생각하는 것 등, 그런 도박에 골몰하는 사람들 가운데, 직감력이나 제6감의 착상으로 생각 없이 엄청난 이익을 볼 때가 있다.

그러나 무일푼에서 어떤 것을 얻고자 해 직감력이나 '의도'를 사용하는 일은 삼간다. 이런 생각으로 무엇인가를 하면, 여기에 꼭 근본적인 잘못이 잠길 수 있기 때문이다. 그것은 도박자의 최후는 대개 무일푼이 되고, 비참한 죽음에 이르는 것이 보통이다.

또, 제6감의 착상을 의지해, 한 번도 경험하지 못한 새로운 일에 손 대는 일은 거의 좋지 않다. 그 것은 제6감이라 하기보다, 오히려 들뜬 단순한 어쩌다 잘못 가진 생각이다.

참된 제6감은 언제나 어떤 자기 일에 직접 또는 간접으로 관계 있는 일로, 어떤 뜻 있는 일을 하고자 하는 의욕을 불 태우고, 계속해 이에 수반하는 행동을 일으키는 힘을 주는 것이다.

당신은 이 책을 가지고 하룻밤 사이에 재산이나 명성을 두드려 내는 사람의 작은 망치로 보지 않을 일이다. 이 것은 제1 관문을 여는 하나의 키가 되는 것이다. 그 문을 열고 밖은 넓은 도로로 그 앞 쪽에 욕구의 바람을 달성하는 최후의 결승점이 있다. 이 책은 그런 문호를 열기 위한 키다.

자기 역량이나 소양에 맞지 않는 일에 모험적으로 뛰어드는 것은 분명 현명하지 않다. 가령, 만약 어떤 대규모 공공 사업이든가 거대한 운수 사업 등의 회장이 되고자 하는 대망을 가지고 싶다면, 당연 그 분야의 지식을 갖지 않으면 안 된다.

그러나 이 사이언스는 모두가 최상의 지위를 향해 출세해 나가기 위해 통과하지 않으면 안될 여러가지 길을 가르쳐 줄 뿐만 아니라, 그 여정을 쉽게 끝까지 갈 수 있게 이끌어 준다. 하지만, 어떤 방향을 택하더라도 먼저 행동 계획을 세우지 않으면 안 된다.

거리의 약국 문을 두드리고 막연히 "약 좀 주세요"하는 사람은 없다. 좀더 분명하게 사고 싶은 약을 가리키는 것이 보통이다. 이 사이언스도 그 방식으로, 먼저 행동 계획을 갖지 않으면 안 된다. 먼저 무엇을 구하고자 하는가, 그 방향을 분명히 보이지 않으면 안 된다.

만약 사기가 무엇을 구하는가를 분명히 결정 했다고 하면, 그 깃만으로 당신은 남을 능가하는 행복한 사람이다. 왜냐하면, 그 것으로 현재 성공의 길 첫 걸음을 내딛었기 때문이다.

이렇게 해 스스로 욕구하는 것의 모습을 마음속에 영상으로 새기고, 그 것을 지속하여 실행함으로써 발전시켜 나가면, 어떤 일이 있더라도 성공을 방해하는 장애를 제거할 수 있을 것이다.

왜냐하면, 잠재 의식을 향해 박력이 들어간 명령을 보내주면, 잠재 의식은 무엇이든 그대로 받아들이고, 생각한 성공으로 확실히 향하게 해 주기 때문이다.

7부

바깥 세계는
마음의 투영(投影)

바깥 세계는 마음의 투영(投影)

성공 여부는 부단히 노력을 계속하는가 여부로 결정된다. 당신은 열심히 노력하지 않으면 모처럼 손에 넣은 것도 날개가 생겨 날아가 버린다. 가령, 촌시라도 어중간한 승리에 만족하여 자기 예찬에만 시간을 보내면 안 된다.

자기 발목을 단단히 조이는데 실수가 있다고 하면 더 한층 놓쳐버릴 위험이 크다. 미국을 비롯해 널리 세계를 바라보자. 물론 장족의 발전을 했다. 그러나 이 것으로 안심이라는 이유가 되지 못한다. 아직 조금도 손 대지 않은 방대한 자원이 가는 곳마다 남겨져 있는 것이다.

물론, 여러 가지 신 분야는 열려 있고, 또 지금부터 상상력이 풍부한 의지에 불타는 사람들이 차례대로 위대한 사업을 일으킬 것이다. 하지만, 아직 모든 것이 백지 상태로 버려진 상태에 있다고 나는 생각한다.

지금부터 50년도 더 연장해 살 수 있는 사람이 있어 오늘을 바꿔

보자고 하면, 아마 지금의 시대를 인류의 초기 석기 시대처럼 볼 것이라고 나는 생각한다.

과학자의 연구실에서 아마추어가 보면, 터무니 없는 일이 진행되고 있다. 목재 등의 원료부터 불과 물에 견디는 가볍고 묘한 천을 만들던가, 가라앉지 않는 배, 태양에서 에너지를 가져오는 기계, 우리가 마음속에서 생각만 할 뿐, 입 밖에 내지 못하는 생각을 기록하는 기계 등, 놀라운 사물이 고안되고 있다.

그러나 그 것도 수평선 위에 아득히 보이는 겨우 2,3의 예를 들어내 보인 것에 지나지 않는다. 그 밖에 하나하나 세어본다면 한이 없다.

문명은 상상력과 잠재 의식의 산물

그 모든 것은 인류의 상상력이 창조한 것, 혹은 마음속 잠재 의식이 만들어낸 산물이다. 앞으로 50년 안에 마음속에서 생각한 것을 암묵 가운데 교신하는 정신 교류 등도, 지금의 라디오처럼 신기하지 않은 것이 될지 모른다. 누가 그런 일을 있을 수 없다고 확신할 수 있을까?

인간은 마음속에 그리는 생각을 물질 위에 구체적으로 나타낼 수 있는 동물이라 말한다. 우리가 현재 사용하고 그 편익을 즐기고 있는 몇 백만이라는 물품을 보면, 이 말이 거짓없다는 사실을 증명할 수 있다.

인류의 마음이라는 위대한 힘을 지극히 참되게 활용하면, 이 지구와 지구 위의 만물도 모두 지배할 수 있을 뿐만 아니라, 지구와 가까운 유성과 악수할 수 있는 가능성이 있는 것이다.

우리 체내에 마음이라는 그런 번쩍거림이 지금은 어렴풋이 보인다. 그 것을 부추겨 세워 백열의 강한 불이 타오르게 해 그 위에 끊임없이 연료를 주입하고 화력을 강화하지 않으면 안 된다. 그 연료야 말로 곧 사고(思考) 자체로 그 사고에 이어지는 행동이 중요한 것이다.

나의 지인에 생애를 통해 많은 일을 하고 지금 70세를 넘긴 사람이 있다. 그는 항상,

"세간의 사람 대부분은 어떤 일에도 손을 대려 하지 않으므로 일찍 나이를 먹고 쇠퇴하는 것이다"

하고, 안타까워했다. 그리고 덧붙여 말했다.

"여러 해 동안 나는 적어도 1주일에 한번은 자기에게 어떤 전혀 새로운 일에 손을 대도록 정해 놓고 있다. 가령, 주방에서 쓰는 어떤 간단한 도구를 만드는 작은 일, 또는 신규 판매 계획, 또는 귀한 책을 읽는 일, 무엇이든 좋다. 이 습관에 따라 나는 몸 상태도 건강하게 되었다.

엄밀하게 말하면, 잠 자고 있는 해이해 버린 상상력을 아직도 유용하게 작동시킬 수 있다. 인간이 60세가 되면 은퇴한다는 생각은 큰 잘못이다. 정신도 육체도 건강하면서 은퇴하고 일을 놓는다고 하면, 곧 묘지로 가게 된다. 그런 예는 세간에 얼마든지 있다.

자동차 등도 사용하지 않고 밖에 놓아두면 녹슬어 버려 고철 공장으로 보낼 수밖에 없다. 인간도 마찬가지, 한가하면 녹이 슬고 시들어져 마침내 죽고 마는 것이다."

적어도 1주일에 1번은 어떤 새로운 일에 착수한다는 것이 결국, 창의(創意) 공부의 존중으로, 인생 성공에 그 것이 어떻게 필요한지를 이야기하고 있다. 창의 공부가 없는 사람은 직업을 가지면, 그대로 즉각 그 것에 매달려 어떤 움직임이나 발전도 보이지 않는다.

자기 일에 창의 공부를 늦추지 않고, 새 작업 방법을 공부하고자 노력하며, 부단히 사물을 개량해 가고자 생각하지 않는 사람은 남녀 공히 언제까지 하급 직원에 머물 수밖에 없다.

많은 종업원들은 회사에서 열심히 일해도 그 것은 고용주를 위하는 일 뿐이라는 생각이 머리에 붙어 있다. 고용주는 종업원이 일하는 장소와 도구를 제공하고 있으므로, 따라서 일을 하는 것은 전혀 자기자신을 위해서라 생각하기 어렵다. 예전 금언에, 명령 수명(受命)을 알지 못하면 명령자가 될 수 없다고 하는 것이 있다.

그러나 매일매일 일하고 있는 사람 가운데 언제인가 자기들도 간부가 되어 종업원에게 명령 내리는 입장이 될 수 있다 생각하는 사람은 매우 드문 것이다.

"친구를 갖는 단 한 가지 길은 친구가 되어주는 일이다"

하고, 에머슨은 말했다. 그 같은 중요한 근본 사실까지 생각을 미치는 사람도 매우 드문 것이다. 좋은 일을 하면, 반드시 좋은 일을 받는 것이다. 그 것은 일부 사람에게 값싼 몹시 유치한 교훈처럼 들릴지 모르지만, 진리는 역시 진리인 것이다.

대부분의 사람은 때로 적을 만드는 것이다. 남과 사이가 나빠지는 것은 당신이 원인으로, 남과 서투르게 되든, 또 상대 원인으로 당신과 서투르게 되는 것이다. 그런 관계가 되면, 자연 당신은 그 상대를 싫어하게 되고, 싫다고 생각하는 당신의 그 마음이 상대에게 반영되어 상대도 당신을 좋아하지 않게 된다.

그런 식으로 적대 관계에 있는 상대를 재차 친구로 돌려 놓을 수 있는 사람은 행복하다. 더욱이 그 것은 쉽게 될 수 있는 일이다.

나를 매우 미워하는 몇 사람 남자가 있다. 아마 내가 부주의하게 한 말에 성을 낸 것일 테다. 그들은 나를 크게 미워한 것이지만, 나는 그들을 친절한 사람이라 생각, 또 마음속으로 그렇게 믿었다.

그러나 그 간단한 일로 나는 그들을 가장 사이 좋은 친구로 바꿔 놓았다. 적을 친구로 바꿔 놓는다는 생각을 나는 어디서 얻었는지 분명하게 모르고 있다. 느닷없이 마음에 떠 오른 것일까, 아니면 누군가가 가르쳐 준 것인가, 그 중 하나이지만, 오래 동안 그렇게 하기를 나의 신조로 계속 지켜온 것이 예상대로 효과를 나타낸 것이다.

체험의 세계는 마음의 표현

 언제인가 어느 회사의 험담을 하고 그 회사 임원으로부터 몹시 미움을 산 일이 있다. 수 개 월이나 그는 모든 기회를 통해 나에게 부딪쳐 왔다. 따라서 나도 그 반응의 보복으로 그에게 부딪쳐 갔다.

 그러나 그러는 중에 그가 적의를 가지게 된 것은 내가 그의 회사를 악평 하기 때문이 아니고 그의 사람됨을 나쁘게 말한 것이 원인으로 성을 낸 것이라 알았기 때문에, 나는 자신을 향해 말했다.

 "그는 나쁜 사람이 아니다. 내가 오해한 것이다. 내가 싸움의 원인이다. 미안하게 되었다. 이 다음 얼굴을 마주할 기회가 오면, 그 사실을 마음속으로 그에게 알려주자"

 그 것이 암시가 되어 어느 날 밤, 우리 2사람이 회원으로 있는 클럽에서 만났을 때, 평소 같으면, 그가 나를 피할 것인데 뜻밖에 얼굴을 마주하고 앉게 되었다. 여기서 내가 처음 입을 열고,

 "어때요, 차리 씨"하고 말하자, 그는 곧 반가운 듯 나에게 응답해

왔다. 그는 나의 말에 어떤 선의가 담긴 느낌을 받은 것 같다. 지금 2사람은 매우 사이 좋은 친구다.

때문에 잊어서 안 될 것은 우리가 적으로 생각한 상대방 가운데 몇 사람은 우리 스스로가 적으로 만들어 낸 것이다. 친구이니 적이니 하는 것도, 우리 자신 마음의 반영 외에 아무것도 아닌 것이다.

상대 쪽도 우리 자신이 마음속에 그리고 있는 그림 모습에 반응, 간단히 우리를 좋아하든 싫어하든 하는 것이다.

자기 마음이 이런 식으로 상대방에게 투영된다는 사실은 내가 이 문장을 쓰고 있던 오늘 아침에도 있었다. 우리집 하수관이 막혀 연관 수리공을 부르려 했다. 지금까지 연관공은 1번 불러도 좀처럼 와 주지 않아, 이런 업종의 사람은 손발이 맞지 않는 경우라고 나는 생각해 왔기 때문에, 늘 교섭은 생각대로 잘 이루어지지 않고 기분이 나쁠 때가 많았다. 그런데 이 날은 나의 생각을 바꾸었다.

"연관공은 모두 좋은 사람이다. 지금까지 부를 때는 운이 나빴던 것이다. 잊어버리자"

하고, 새 사람을 불렀다. 그러자, 이번은 매우 좋은 사람을 만나 나도 일을 맡겼으며 언제 라 할 것 없이, 손쉽게 수리를 끝낼 수 있었다.

상대가 좋은 사람이라 생각, 그렇게 믿으면, 그 사람은 잘 된다. 우리가 받아늘이는 것은 우리 마음에서 나오는 것이다.

이런 대 진리는 몸에 붙이는 것이 좋다. 꼭 한번 응용해 보기 바란다. 꼭 놀랄 만큼 효과가 있다. 이를테면, 매일 승차하는 버스 안 내에게 이런 기분이 어떻게 반응하고, 또 엘리베이터 걸을 어떤 식으로 기쁘게 할 까.

혹은 또, 카운터 앞에 서 있는 점원에게 친절을 보이면 점원들이 어떤 식으로 기분이 나서 서비스 해 줄 것인가, 주장보다 증거, 한 번 확인해 보기 바란다. 이 사실은 사람과 사람이 접촉하는 인생의 모든 장면에 그대로 적용된다.

성의에 찬 마음을 가지고 접근하면, 적을 만드는 염려는 결코 없을 것이다.

"남에게서 받고자 하는 대로 너희도 남을 대접하라"

하는 것은 성경이 가르치는 교훈이다. 실제 성공한 사람들은 그 동기가 무엇이든 불문하고, 남을 위해 어떤 일을 하면, 남도 역시 자기를 위해 무엇인가 해 준다고 하는 생각 아래 기능하는 것이다.

어쩌면 타산적으로 들릴 지 모르지만 지위나 환경 여하를 불문하고, 서로 사이에 주고받으며 살아가는 관계는 세상살이의 근본 법칙으로 엄격히 존재하는 것이다. 이 것은 모든 원인에 당연 이에 상응하는 논리적 결과가 있다는 사실밖에 아무것도 아니다.

가령, 위의 사람을 기쁘게 하는 일은 결코 아첨이 아니다. 상사에게 정중히 하는 것은 당연한 상식이다. 어떤 단체 중에도 일을 잘해 위의 사람을 기쁘게 하는 사람이 빠르게 승진한다. 위의 사람이 승진시켜 주는 것이다. 당신이 또 당신의 과업이 마음에 들면 들수록 승진도 빨라지는 것이다.

아무리 자신이 있다고 해도 만약 대규모 단체 기구 속에서 출세를 바란다면, 맡은 일만 아니라 그쪽 수뇌에게 호감을 갖고 있지 않으면 안 된다. 조금 주의해 자기 주변을 둘러보면, 어디도 그런 원리가 적용되고 있음을 알 수 있을 것이다.

어린 시절 학교 교실에도 또는 군대 같은 곳에도 같은 경험을 했을 것이 틀림없다. 정계도 마찬가지다. 또 동물 세계를 연구하면 최고에서 최저에 이르기까지, 이 원칙이 적용되고 있음을 볼 수 있다.

남보다 앞서 항상 남을 위해 무엇인가 하는 것은 좋은 일이다. 그렇게 하면, 얼마나 많은 것이 자기 있는 곳에 모여들 것 인 가. 또 얼마나 많은 사람으로부터 기쁜 대우를 받을지 모른다.

남을 위해 어떤 좋은 일을 하면 반드시 어떤 형태로든 좋은 보답이 오게 되어 있다. 진실하게 남을 칭찬하면, 반드시 좋은 친구를 얻을 수 있다. 누구도 칭찬받고, 싫은 기분을 가지는 사람은 없는 법이다.

남의 칭찬을 받는다는 사실은 심리학적으로 그 사람 자아에 만족을 주는 일이다. 칭찬받은 사람은 칭찬한 사람에 대해 지금보다 일층 호감을 가지게 된다.

  정치가로 성공하는 사람은 남을 위해 진력하고 사람을 칭찬하는 일로 인해, 친구를 많이 만들지 않으면 안 된다는 사실을, 가장 먼저 배운다.

상사의 이름을 모르는 종업원

가령, 오늘 당신이 거리의 신문 팔이 소년과 사이 좋게 지낸다고 하면, 만약 당신이 어느 날, 교통신호를 무시하고 법정으로 끌려 갔을 때, 뜻밖에도 신문팔이 하던 그가 그 법정의 판사가 되어 있을지 모른다.

만약 그렇다고 하면, 재판을 받는 사람이 자기에게 호의를 갖는 친구라고 알았을 때, 얼마나 마음 든든하게 느낄지 모른다. 이 같은 생각은 인생의 모든 부면에서 꼭 들어맞는다. 더욱 많은 사람은 이런 사실에 생각이 미치지 않는다.

최근, 내가 미국에서 큰 규모 백화점 판매 주임 사무실에 있을 때, 그의 수하 직원 세일즈 걸이 다른 도시 좋은 대우의 일을 알선해 준 데 대한 인사를 차리러 왔다. 그가 말하는 것이다.

"내 있는 곳에 많은 사람이 상담을 와서 장래에 대한 충고를 들으러 오기 때문에 그 것이 유쾌하다. 나는 눈이 돌 정도로 바쁘지만 항상 시간을 내어 종업원 장래를 위해 친밀감을 가지고 도와주고 있다"

이 이야기를 듣고, 또 다른 생각이 떠 올랐다. 돈이 아쉬운 사람은 돈과 인연 있는 곳에 가지 않으면 안 된다는 사실이다. 사막에 혼자 있으면 사는 것만 고작이므로 재산은 만들어질 수 없다. 때문에 만약 돈이 아쉬우면, 돈을 가진 사람 또는 어떻게 하면 돈이 되는가를 알고 있는 사람과 사귀지 않으면 안 된다.

조금 노골적인 이야기로 들을 지 모르지만 돈이 소비되는 곳에 가서 돈 쓰는 권한을 가진 사람과 개인적으로 친숙해지지 않으면 안 된다.

가령, 광고 대리업의 세일즈 맨이면, 어느 회사 광고를 어떻게 하는가에 최종 결정을 내리는 위치에 있는 사장과 가까워지면, 아래 사람이나 젊은 간부 등에게 자세히 설명하는 시간과 노력을 줄일 수 있어 이야기는 간단하다.

상품을 판매하는 세일즈 맨도 같은 경우이지만, 다시 그보다 더 중요한 것은 자기 자신의 진가를 팔고자 할 때, 상층 사람들에게 접근하는 일이 중요하다.

"만약 당신이 누구 인가를 위해 일하고 있다고 하면, 무엇이 어떻든 그 사람을 위해 애써야 할 일이다"고 말한다.

이 이야기를 들으면, 일찍 나는 함께 일한 사람들의 결점에 대해 생각해 본 적이 있다. 그 것은 업무에 대한 열의와 흥미가 족하지 못한 사람들의 일이다. 자기가 받아 가진 작은 범위의 일 외에 전혀 흥미를 갖지 않는 것이다.

어느 때, 나는 어느 큰 회사 임원과 내기를 한 적이 있다. 그 사람은 신문에 자주 이름이 나오는 유명인사지만, 그 회사 지방 영업소 종업원 가운데 그의 이름을 아는 사람이 있는가 여부의 내기다.

그런데 그가 사장 이란 사실은 물론, 그 이름조차 들어본 적이 없다는 사람이 20명이나 되었다. 이 내기는 결국 그가 진 것으로 크게 그의 자존심에 상처를 준 것이다.

이 같은 사실에 관심을 가지고, 나는 전국적으로 지점망을 가지고 있는 다른 여러 회사에 대해 조사해 보았지만, 이 지점 종업원 가운데 1사람도 사장의 이름을 모르고 본점의 주소조차 모른다고 하는 사람도 있었다.

이 것은 "설마!" 라, 생각할 만큼 의외의 일로 당신도 이해할 수 없다고 할 것이다. 하지만 만약 어느 큰 회사의 하급 사원으로 친구가 있다면, 시험삼아 그 회사 재무 담당 임원이나 전무의 이름을 물어 보라. 그러면 뜻밖에도 놀랄 밖에 없는 무지한 사람이 많다는데 주의가 돌려질 것이다. 만약 그런 임원 이름을 아는 사람이 있다면, 그 것은 이상할 정도다.

이 사실은 대체 무엇을 이야기해 주는 것일까? 얼마나 많은 사람들이 스스로 봉직(奉職)하는 회사가 실행하고 있는 제주 부문의 일이나 화사 전체의 경영 등의 일에 무관심한가를 이로써 잘 알 수 있을 것이다.

눈에 호소하는 힘

"좋은 책은 인류 지혜의 보고다. 당신은 항상, 그 보고를 자기 것으로 받아들이고 갈 수 있는 것이다."

하고, 옛 사람은 말하고 있다. 그러나 세상에 책을 읽지 않는 사람이 많은 것은 놀랄 밖에 없다. 이해하기 어려운 일이지만, 사업가는 신문이나 2,3의 기업 잡지 외에 읽으려 하지 않는 사람이 많은 것이다.

그 밖의 직업인을 구체적으로 조사해 보면, 대체적으로 자기들 사업에 관계 있는 책이나 팸플릿 따위 밖에 읽지 않는다. 내가 지금 책이라는 것은 전기, 소설, 역사, 과학 등의 것이다. 이 같은 종류의 책 속에 당신 사업에 매우 도움되는 것이 반드시 1,2은 있는 것이다.

누구도 지식을 독점할 수 없다. 지식은 만인이 공유하는 것이다. 더욱 이 것을 실제로 응용하면, 절대로 위력을 발휘하는 것이다. 많이 읽으면 읽을수록 자기 생각에 자극을 주게 되는 것이다. 만약 활동하는 사람이면 이 사람의 힘은 그 만큼 증대하는 것이다.

자, 여기서 화제를 한번 돌려, 연상(聯想)이라는 사실에 관련해 보자. 먼저, 짐 싸기와 포장하는 일과 고객의 눈에 호소하는 것에 대해, 한 마디 해 본다. 그 목적은 먼저 사람에게 암시를 주는 일이다.

식료품, 과일, 야채 등을 취급하는 상인은 잘 알고 있는 것처럼, 상품에 전연 개선을 가하지 않아도 사람 눈을 끄는 아름다운 포장에 따라 물품은 높은 값으로 팔리게 되어 있는 것이다. 식료품점을 한 바퀴 돌아보고 눈 끄는 상품을 자세히 바라보면 잘 알 수 있다.

포장의 좋고 나쁨은 수완 좋은 일류 주방장과 흔한 쿡 사이의 차이와 같은 것이다. 수완 좋은 주방장은 눈에 호소하는 요령을 잘 알고 있어 큰 접시나 작은 접시에 가득한 요리를 매우 좋고 아름답게 담아 내 놓는다.

모양 사나운 쿡은 그런 일에 소홀하여 단지 겉 날림으로 수북이 쌓아 놓을 뿐이다.

일찍 나의 경작지 소작인이던 이태리 사람은 일본인과 경쟁하면 좀처럼 잘 되지 않는다는 이유로 소작 계약의 지대(地代) 지불을 하지 않았다. 일본인은 본능적으로 포장을 잘하면 반드시 팔린다는 요령을 터득하고 있었다.

그러므로 셀러리 같은 것은 정성껏 씻어 새 상자에 넣어 예쁜 종이로 싸서 좋은 문구를 써 붙이고, 셀러리의 품질을 돋우는 것이다.

이태리 소작인은 야무지지 못한 사람으로 상품을 씻지도 않고 헌 중고 상자에 넣고 팔아, 따라서 능란한 일본인이 시장을 점유하면 투덜대기만 할 뿐이다.

태평양 연안 서북부 과수원에서도 그랬다. 30년 전만 해도 배나 사과 등 마차에 잔뜩 싣고 거래한 것이 20달러를 해도 팔리지 않았다. 하지만 마음에 드는 포장을 잘해 시장에 내는, 상품 손질을 잘한 사람들은 큰 재산을 모을 수 있던 것이다.

이 포장 문제를 당신 자신의 몸에 대해 생각해 보지 않겠 나. 자기는 남의 눈에 매력을 느끼게 하는 호소력을 가지고 있는 것인가? 좋은 복장을 하고 있는가? 색채의 효과를 알고 있는가? 자기 모습이나 기분에 맞는 색을 연구하고 있는가? 평범하고 많은 대중 속에서 자기 얼굴 모양과 몸매는 어떤 출중하고 훌륭한 특징이 있는가?

만약 이상과 같은 관점에서 빠지는 일이 있다면, 인간의 포장을 완전히 하기 위해 세심한 주의를 돌리지 않으면 안 된다. 아무튼 세간은 먼저 얼굴 모양과 몸매로 사람을 평가하는 것이므로, 그 점을 마음에 두는 것이 좋다.

가령, 자동차 생산업자나 헐리우드의 미용사나, 유명한 쇼 연출가 등은 눈에 호소하는 힘에 대해 잘 연구하고 있어 각각의 조건에 따른 상품의 포장을 교묘히 하는 사람들이다. 적당한 포장을 하고 더욱 내용이 최고의 물품인 것처럼 마음 쓴다면 어느 누구에게도 지지 않는 훌륭한 사람이 된다는 뜻이다.

외모의 당신과 똑같이 내용의 당신이 훌륭하지 않으면 세간에서 훌륭한 과업을 이루어 낼 수 없다. 이렇게 양 면을 완비하면 필승의 사람이 된다는 것이다.

마음의 파동

수 년 전, 나는 시내 큰 소방서 서장과 깊이 사귀게 되었다. 중년의 사람으로 두려움이라는 사실을 전혀 모르는 사람 같았다. 부하들은 이 서장은 마귀 쫓는 기술을 알고 있는 듯하다고 말했다. 어느 때 그의 마음 가짐을 참고로 알고 싶다고 생각, 실제로 마귀 쫓는 기술을 사용하느냐고 물어보자, 그는 웃으며 말했다.

"그 것을 기술이라 말 하는가. 어떻든 나는 운명 논자라 할 까. 나는 이 서장을 하고 있는 한, 상처로 죽을 일은 없다고 믿고 있다. 어떤 위험한 곳에 가면, 나는 항상 나의 주변에 하얀 원을 그린다. 그 원 속에 해가 되는 것을 일체 들어오지 못하게 하기 때문이다.

이 것은 내가 어렸을 적에 근처에 살고 있던 인디언에게 배운 비술(秘術)이다. 하찮은 미신이지만, 그 흰 줄 속의 영광(靈光)이 몇 차례 나를 구해 주었는지 모른다"

그는 정년까지 근무하고 70 여세까지 살며 평온하게 생애를 마쳤다.

또, 배이브 루스(Babe Ruth)는 훌륭한 야구 선수로, 공을 치기 전에 먼저 이번에 어디로 친다고 '공의 선언'을 그 때마다 실행했다. 우익 방향으로 홈 런을 친다든가, 좌익 쪽으로 친다든가, 하나 하나 선언하면, 공은 그 쪽으로 날라 갔다. 어찌하여 그런 일이 생겼는가, 본인 외에 누구도 알 수 없었다. 확실히 이 것은 이상한 일이었다.

아무리 훌륭한 투수를 상대해도 그는 희망하는 공간으로 공을 때릴 수 있었다. 이런 흉내를 낼 수 있는 선수는 장차도 좀처럼 나올 수 없을 것이다.

태평양 전쟁에서 유명한 전쟁 특파원 어니 파일(Ernie Pyle)의 '죽음의 예고'가 생각난다. 그는 일단 태평양 전쟁에 나가면, 살아 돌아올 수 없다며 예언하고 그렇게 했다.

그 반대로 군인 중에 거친 포화에 맞아도 상처 하나 없이 돌아온다는 '감각 또는 신념'을 가지고 나갔던 사람들 이야기도 전해진다. 그리고 그들은 상처 없이 돌아왔다.

두려운 위험을 만난 사람으로 앞서 말한 흰 원의 영광이 듣는다고 믿고 있는 사람은 적지 않다. 아마 신념의 매직일까? 자동차 차주로 사고를 방지하기 위해 작은 원판을 가지고 있는 사람이 세계 어디를 가도 있다.

그러나 문제는 자동차 원판이나 마귀를 쫓는 흰 원만으로 그치지 않는다.

사람의 마음이 일으키는 파동에 의해, 다른 사람이 영향 받는 다는 일은 우리의 상상 밖이다. 가령, 우리는 끊임없이 접촉하는 사람에 의해, 크든 작든 감화를 받는다.

남편과 아내는 오랜 세월 함께 살아오는 가운데 서로 닮아 상대방 습관까지도 몸에 붙이게 된다.

아기들은 엄마나 다른 양육자 등의 감정을 특히 받아들이고 겁내기 쉽고, 혹은 엄마나 유모의 좋고 싫음에 젖어 그런 정서의 성향을 일생 동안 계속 유지한다.

애완 동물 특히 개 등을 키우는 사람 말에 따르면, 동물은 주인의 정서에 감염되고, 또는 귀찮아 하고, 혹은 애정 깊이 쾌활하고, 또는 싸움 좋아하고, 바꾸어 말하면, 접촉하는 사람 마음의 형태를 가장 그대로 받아들인다는 것이다.

또, 주의하지 않으면 안될 점은 회사나 가정에서도 부정적, 소극적인 사람은 그 주변의 공기를 뒤흔든다는 것이다. 부정적인 사람은 그 주변의 공기를 해치지만 적극적인 인격은 밝고 흥겨운 공기를 자아낸다. 더욱 이 둘이 서로 다투면 악한 쪽이 이기는 경우가 많다.

이를테면, 야만인 사이에 사는 사람은 야만인이 되고 마는 일이 있다. 열대의 정글에서 공장 설비나 광산 등에서 일하는 영국 사람 등은 주변 사람들에게 물들어 야만인 될 것이 두려워 아침은 반드시 수염을 깎고, 저녁 식사 때는 일부러 정중하게 화장하고 야회복을 입도록 하고 있다.

매우 신경질적인 사람이 책임 있는 지위에 앉으면, 접촉하는 모든 사람을 초조하게 만든다. 이런 현상은 신경질적인 지배인이 있는 사무실이나 상점에서 흔히 볼 수 있다. 이런 정서는 흔히 회사 전반으로 전염되는 것이다.

결국, 한 단체는 그 것을 리드하는 사람의 그림자 연장으로 보이는 것이다.

단체 기구가 부드럽게 과업을 진행하고자 생각하면, 그 구성원은 모두 주된 상사의 사고 방식에 동조하지 않으면 안 된다는 이유다. 그런 기구 안에 매우 어둔 경향의 사람이 있어, 경영자의 생각에 동조하지 않는다고 하면, 그 어둔 부정적인 파동은 다른 사람들에게 미쳐 큰 해를 입힐 수 있다.

상자 속에 겨우 1개의 썩은 사과가 있다고 하면 마침내 상자 속의 모든 사과가 썩는 이치와 같은 것이다. 그와 같이 한 여인이 울면 다른 여인까지 울리게 되고, 한 사람이 웃으면 다른 사람도 웃는다.

그것은 정신의 파동

단지 1사람이 하품을 하면, 곧바로 그 한 자리에 하품이 퍼진다. 우리 감정의 파동이 어떤 식으로 다른 사람들에게 미치는 지 또 우리가 어떻게 남에게 좌우되는지 예상 밖이다.

만약 당신이 명랑한 유형의 사람이라면 어둔 음성의 사람과 너무 길게 접촉을 계속하지 않는 것이 좋다. 스님이나 목사님 등 남의 신상 상담 등을 직책으로 하는 사람으로 인생의 비참한 사실을 호소하는 사람들 이야기만 듣는 사람은 그 희생이 되는 것이다.

매일 아침부터 밤까지 괴로움이나 슬픔의 강한 흐름속에 빠져 있으면 아무리 명랑한 소질의 사람도 드디어 압도되고 어둔 음성의 인물이 되어버리고 만다.

그런 마음의 파동이 어떤 암시력을 갖는가 하는 것은 남의 사무실이나 가정에 들어가 보면, 그 곳의 여러가지 분위기로 곧 직감된다. 그런 분위기라는 것은 그 곳 사무실에서 항상 일하는 사람이나 그 집안에 살고 있는 사람이 만드는 것으로, 왠지 모르게 느낌이

나쁘든가 불쾌하든가 침착하지 못하든가, 혹은 차분하고 기분이 좋던가, 각각 그 장면의 분위기는 즉석에서 느껴지는 정황이다.

파동이 미치는 효과

누구라도 그 장면의 공기가 차든가 따뜻하든가 하는 사실은 즉시 느껴지는 것이다. 의자나 책상의 배치, 전체의 색조, 벽이나 창호 등 모든 것이 그 방에 사는 사람들의 사고 방식을 파동으로 전하고 어떤 형의 사고 경향인가를 보여주는 것이다.

가령, 그 집이 대 저택이든, 마구 지은 작은 집이든 상관없이, 그 집에 살고 있는 사람들 인격을 보여주는 열쇠는 그 파동이다.

당신은 책임을 지는 것이 싫은 입장인가 여부? 결단 내리기를 두려워하는 입장인가? 혼자 선두에 서는 일이 싫은가 여부? 대부분의 사람은 그 것이 소극적이다.

그러므로 세상에 지도자가 드물고 말단 부하만 많다는 사정이다. 혹시 잘못 판단 내리면 큰 일이라는 두려움에서 망설이는 것이지만, 결단을 끌면 끌수록 그 두려움은 암시력으로 인해 증대하고 그 것이 원인이 되어 큰 잘못을 저지르고 책임을 뒤집어쓸 염려가 있다.

위인은 직감력이나 대비해 둔 지식이나 경험에서 오는 마음의 번뜩임에 기초를 두고, 대부분 즉결 처리한다. 결단을 내리고 행동을 일으키면 지금까지 난관으로 생각된 것이 즉각 공중으로 무산해 버리는 일이 있는 것이다.

나는 신심력(信心力)으로 병증을 고치는 사람이 아니다. 그러나 마음의 힘을 아는 사람은 감정이 담긴 생각이 얼마나 사람의 몸을 좌우하느냐, 또 암시라는 것이 어떻게 병증을 일으키고 고치고 하는 것이 가능한가 하는 사실을 잘 알고 있다.

어느 일파의 신앙 요법에서 병증은 없는 것이라는 부정에 의해 치료 효과를 올리고 있다. 그리고 이 같은 요법이 잘 듣는다고 증언하는 사람들이 매우 많다.

또, 다른 일파는 병증 등은 실재하는 것이 아니라고 말하지만, 그 대신에, 환자는 건강하고 기분 좋고 매일매일 상쾌해 간다는 적극적인 암시를 반복하고, 이에 따라, 결국 병증을 무시해 버리고 효과를 올리는 이유다.

그 양 쪽 어느 것이 잘 듣는지 판단하는 일은 그 양쪽 사람들에게 맡겨 두는 일 밖에 딴 도리가 없다.

제3자의 입장에서 어느 쪽이 우수한가를 정하는 일은 어려운 일이다. 그러나 어떻든 한 사람 한 사람 환자 개인의 신념 정도 여하로 어느 치료법도 성공 불성공이 정해진다는 사실을 잊으면 안 된다.

그러나 병증이라는 것은 세상에 실재하지 않는 것이라 하여 병증을 부정하는 일파 쪽이 미국에서 지지자가 많고, 회원은 비약적으로 늘어 대 유행이 되고 있다.

병증이나 몸의 이상을 암시에 의해 어디까지 고칠 수 있는가 하는 것은 정신 요법의 각 유파나 의학회에서 큰 논쟁이 되고 있다. 그러나 미국 만도 수 만의 사람들이 자기 병증은 정신 요법으로 나았다고 확신하고 있는 일은 틀림없는 사실로, 더욱 그 수는 매일매일 증가하는 추세다.

예부터 말해 오는 사실이지만 두려움, 미움, 근심 걱정 등은 육체 병증의 원인이 되어 때로 생명에 관계되는 일이 많은 것이다. 더욱, 이런 사실을 인정하지 않는 의사는 지금도 몇 사람이 있다.

그러나, 수 년 전, 라이프 잡지의 '사이코소매틱(Psychosomatic) 의학'(정신 육체 의학이라 옮기고, 정신과 육체의 양면에서 치료하는 의학을 말한다) 이라 제목 붙인 기사에 따르면, 2차 세계 대전 중, 군 병증의 40 %는 사이코소매틱 요법으로 처치해야 했다고 하는 실례다.

이 기사에 따르면, 고초열(枯草熱), 천식, 심장병, 고혈압, 류마치스, 관절염, 당뇨병, 감기 및 여러가지 피부병, 가령, 사마귀, 두드러기, 그 밖에 알레르기 성 질환 등은 직접 감정 격돌에서 혹은 감정이 병세를 앙진(昂進) 시키는 육체적 이상에서 유래된다고 지적하고 있다.

이 의료법은 감정의 동요를 불러 일으키는 원인을 알아 내고 그것을 제거하는 데 있다.

정신 치료가 및 정신 분석 의사는 전시 중, 여러 가지 실험의 결과로 보면, 의료 처치나 정신 요법의 2가지를 포함하는 전반적인 문제는 종래 요법에 밑 바닥부터 일대 수정을 가해, 심리적 치료법을 보태, 사용하는 방법이 놀라운 성적을 올리는 것으로 알려져 있다.

자기 힘으로
정신 치료가 가능하다

그러나, 정신 치료를 연구하고 있는 사람들 사이에서 의견이 꼭 일치하는 것은 병증을 고치는 힘은 치료자의 처치보다 오히려 환자 스스로의 마음 가짐에 있다고 하는 것이다.

바꿔 말하면, 치료자가 간단한 정신 치료법에 의하는 가, 또는 어떤 특별한 종교적 신앙에 의지하는 방법을 취하는가, 어떤 것이든 불문하고, 곧, 치료 처치가 가령, 무엇이든 간에, 환자의 병증은 그 것으로 낫는 것이 아니다 하는 주장이 된다는 상황이다.

그 것보다는 그 처치가 암시가 되어 환자가 스스로 자기 잠재 의식에 자기 암시를 보내고, 이 때문에 잠재 의식의 위력에 따라 치료 효과가 나타나는 것이다.

이렇게 내가 말하는 것에 대해, 반대자가 반드시 있으리라 생각한다. 하지만, 환자가 치료자로부터 받는 암시를 신용하지 않으면, 효과는 절대 생기지 않는다는 것만은 누가 보아도 사실이다.

그러므로 치료 효과를 내기 위해, 치료자와 환자는 최면술에서의 시술자와 피시술자 같은 일종 라포어(rapport) 관계로 맺어지는 일이 필요하다.

나의 이론에서는, 암시에 의지할 수 있는 사람이면 누구이든, 치료자의 힘을 빌릴 겨를도 없이 자기만의 힘으로 같은 결과를 얻을 수 있다는 뜻이다. 다만 굳건한 신념을 가지고 암시는 강력하지 않으면 안 된다. 따라서 내가 별도의 장에서 설명한 것처럼 카드와 거울을 사용한 암시력을 강화하면 큰 효과를 기대할 수 있다는 의미다.

최근 여기 저기 대학에서 행해지는 연구 및 실험, 특히 그 중에서도 듀크 대학의 J 라인 박사가 지도하는 실험 결과 등에서 텔레파시(정신교류 또는 반응)나 사상 전달 등의 정신 현상은 새롭게 세간의 흥미를 끌게 되었다

미국이나 영국의 심층심리학회에서 텔레파시Telepathy(정신교류)나 클레어보이안스Clairvoyance(투시) 등 1류 학자의 연구가 활발하고 그 기록도 상세하다. 그럼에도 불구하고 아직 텔레파시 등이 있을 수 없는 일이라고 비웃는 사람도 뒤를 잇는다.

성경을 믿는 많은 사람은 그 가운데 써 있는 많은 투시나 정신 교류 등의 실례를 돌아보지 않고, 텔레파시 등의 현상은 있을 수 없다고 공언하는 것은 이상하다 할 밖에 없다.

세간 일반이 이 문제에 대한 의심을 아직 씻어 버릴 수 없다고 해도, 세계에서 유수한 과학자들은 텔레파시가 가능하다는 사실은 말할 것도 없지만, 그 것이 이해될 수 있다고 하면, 많은 사람이 이용할 수 있는 방법이라 말하고 있다.

아직 이 문제에 대해 영국과 미국의 심층심리학자의 발표나 라인 박사의 실험 결과 등을 기초로 해 많고 새로운 사고 방식이나 실험 등을 소개한 책이 출판되고 있다.

업톤 싱클레어(Upton Sinclair)의 '마음의 라디오' 등도 그 가운데 흥미 있는 것 중의 하나다.

라인 박사의 실험 보고

듀크 대학 라인 박사의 실험이 공표되자, 그 것은 우연히 그런 결과가 나타난 것이라는 여러가지 반대 의견을 발표한 사람도 있어 그 중에 많은 돈과 시간을 걸고 텔레파시 등은 존재하지 않는다고 역설한 사람도 적지 않다.

그러나 듀크 대학은 물론, 여러 대학에서 그런 반대를 돌이켜 보고 해마다 실험을 계속해 왔다.

1946년 8월, 주간지 '아메리칸'에 실린 J 라인 박사의 '인간이 정신을 갖는 것에 대한 과학적 증명'이라 제목을 붙인 논문을 알고 있는 사람은 적지 않지만, 다시 한번, 여기에 원문을 그대로 재록하는 것으로 했다.

"인간의 정신을 오늘의 과학은 어떻게 보는가? 이 질문에 대한 회답은 당연 심리학의 범위에 들어간다. 그 것은 심리학이 정신의 과학이기 때문이다. 하지만, 여기서 우리가 놀라는 인간 정신을 탐구하든가, 여기에 이론을 붙이는 것은 사실상 심리학 문헌에서 깨끗하고 산뜻하게 생략되어 있다는 사실이다.

정신이라는 것은 인간 두뇌에서 독립한 따로 존재하는 것이라 말하면, 많은 심리학자들은 조소하는 심정으로 맞이할 것이 틀림없다. 현재의 학설에 따르면, 모든 사물은 물리적으로 설명하지 않으면 진실이 아닌 것이다.

정신은 영적이고 비 물질적인 것에 틀림없다고 생각되지만, 현재 많은 학설에서 그런 사실은 절대 있을 수 없다고 한다

따라서 이상과 같은 생각, 두뇌에서 독립해 정신은 존재한다는 생각은 미신과 같은 것이라 해 수용하지 않는다는 의미다.

'물리학의 법칙'은 우리가 '심적'이라 부르고 있는 모든 것까지 설명할 수 있다고 생각한다. 물리학은 그런 패기를 가지고 현재까지 신장해 왔다. 그리고 장래도 그 방향을 더듬어 갈 것이라 생각되고 있다.

하지만, 인간이라는 것을 물질적으로만 해석하면, 근본적으로 전혀 설명 되지 않는 몇 가지 현상이 이따금 일어나는 것이다.

가령, 친구나 친척 사람 등이 숨지기 직전에 어떤 두려운 꿈을 꾸고, 눈을 떴다고 하는 경험을 가진 사람이 흔히 있다. 그리고 이 충격적인 마음의 영상은 그 모양대로 참 사실이었다는 것이 후에 판명된 일이 흔히 있다.

더욱 시각(時刻) 관계도 거의 틀림없이 일치되고, 더구나 숨진

것은 천 마일이나 떨어진 곳에 사는 사람이다.

또, 어떤 몇 개의 사례가 보이는 것처럼 꿈을 꾸고 수 시간 후 또는 수 일 후에 그 꿈대로의 사건이 일어난 일도 있어 이 사상은 우리가 가장 이상하게 느끼는 점인 것이다. 더구나 매우 미세한 점까지도 그 사건이 일어나기 전에 마음의 영상으로 나타나든가, 혹은 예감을 수용하게 하기도 한다.

물론, 이런 일에 대해 일반 사람들은 그런 감지는 단지 우연의 일치로 생각하는 것이 보통이다. 그런 안이한 생각에서 한 걸음 더 나아가 그 이상 분명한 설명을 요구하는 사람은 매우 드물다.

그러나 다행스럽게 소수의 사람들은 그 진리를 어디까지나 추구해 명백히 하고자 노력하고 있다. 그리고 그런 현상을 무수히 들어내 연구를 진행하면 그 것은 우연의 일치라는 피상적 관찰만으로 정리하지 않으면 안 되는 것이다.

이 것을 과학적으로 연구하는 방법은 말할 것도 없이, 이런 사상의 배후에 과연 무엇이 잠재하느냐 하는 것을 발견하는 일부터 먼저 착수하지 않으면 안 된다.

많은 사람들이 이 같은 이른바 영적인 체험을 하는 것은 정신이라는 것이 공간이나 시간을 초월해 작용하는 것을 증거 세우는 것이라 볼 수 있다고 한다면, 그 것은 분명히 물리학적인 법칙으로 설명할 수 없는 문제가 된다.

이미 정신은 물리적 계통에 속하기보다 오히려 영적인 것이라 하게 된다. 여기 정신이라는 것의 단서가 잡히는 이유다. 물론 단서라 하는 것만으로, 그 이상의 어떤 것도 아니다. 그러나 이 것으로 신용할 수 있는 확증을 확보하는데 필요한, 첫번째 수단의 단서를 얻은 것은 확실하다.

ESP 테스트는 이상과 같은 이른바 '영적'체험을 대상으로 실시했다. ESP는 엑스트라센소리 퍼셉션 (extrasensory perception), 5감을 초월한 감지(感知)의 약어로, 텔레파시(telepathy 정신감응)나 클레어보이안스(clairvoyance 투시) 등도 이 가운데 포함된다.

바꿔 말하면, 정신 감응이나 투시는 눈이나 귀 등 우리가 현재 가지고 있는 감각 기관의 힘을 빌리지 않고, 잠정적으로 사상(事象)을 감지하는 것이다.

텔레파시를 시험하는 방법은 먼저 시험 받는 사람이 가령, 옆 방에 있는 누군가가 마음으로 생각하는 트럼프의 패나 수자 이든가, 혹은 그 밖에 어떤 기호를 알아맞히는가 여부를 시험하는 것이다.

클레아보이안스의 시험은 이와 반대로 대상은 물체 그 것, 즉, 보통은 카드 자체이다. 어떤 카드를 사람이 생각하고 있는가 같이 사람을 통하는 간접적인 것은 아니다. 물건 그 자체를 피실험자가 인지하여 알아맞힌다는 상황이다.

1마디로 말하면, 텔레파시는 다른 사람의 마음 상태의 ESP, 클레아보이안스는 물체의 ESP다.

듀크 대학에서는 1934년 심리학자들이 모여 텔레파시와 클레아보이안스의 2가지 사항에 대해 ESP 실험에 착수했다.

이 일은 영국 왕립협회원의 심리학자 W 맥드골 박사에 의해 시작 되었다. 박사는 당시 듀크 대학의 심리학 부장 이었다. 이 심층 심리 연구의 일은 후에, 파라 사이코로지(아심리학)실험실로 불리운 연구실에서 실행했지만 이 같은 종류의 실험은 최초의 것이 아니다. (여기 파라는 특별 또는 이상을 의미하고 정통파 심리학이 아니라는 뜻)

그 때까지도 실험은 각 지 각 대학에서 상당히 실행되고 있어 이미 50 수 년 전부터 계속하고 있다. 그러나 듀크 대학처럼 수 년간에 걸친 계통적이고 연속적으로 이 테마와 맞붙어 있는 실험은 일찍이 없었다

이른바 '영적' 문제에 대해 적극적이고 영속적으로 안심하고 연구할 수 있는 장소가 만들어진 것은 이 대학이 처음이다.

심층 심리연구의 실험에서 텔레파시와 클레아보이안스인 2개 ESP 가운데 어느 것도 부정할 수 없다는 결론을 내리는데 족한 새로운 실증을 잡았다. 연구자들은 새 실험 방법을 창안하고 그 기준에 따라 쉽게 실험을 반복 실행하도록 했다.

그 때문에 ESP 실험은 미국 국내는 물론 여러 외국에 있는 많은 연구소에서도 널리 실시하게 되었다. 조금이라도 감각에 기초한 암시가 들어가든가, 혹은 그 밖에 잘못이 섞이어 실험 성적에 영향을 주는 일이 없도록 세심한 주의를 가지고 깊이 생각했다.

그리고 실험 성적은 전부터 승인 받고 있는 정규 통계 방식을 사용하고 있으므로 실험 결과는 정확히 평가 검증할 수 있었다.

즉, 실험 결과에 대한 채점 방법은 우연의 일치이든가 혹은 실험 상의 어떤 결함에도 좌우되지 않도록 면밀하게 실시되고 있다. 이 점 분명히 입증할 수 있으므로 조금의 의심도 끼워 넣을 여지가 없다.

ESP가 실제로 존재하는 사실이 분명히 실증되고 실험이 만족한 결과를 거둘 수 있었으므로 연구자들은 즉시 가장 중요한 다음 문제 연구에 착수했다. 그 것은 ESP의 성능이 물리학과 어떤 관계가 있는가를 검토하는 일이다.

텔레파시나 클레아보이안스가 분명히 물리학적 법칙에 따르는 것인가 하는 점이다. 그런 의문에 대한 해명인 것이다

혹은 지금까지 세간에 말로 전해지고 있는 이른바 '영적(靈的)'인 체험은 물리학의 법칙에서 석연치 않은 것인가 여부에 관한 점이다.

형편이 좋은 사실은 ESP와 공간 관계에 대해 실험하는 일은 간

단했다. 가령, 카드가 놓인 어느 장소에서, 이 것을 말로 맞추는 사람을 장거리 떨어진 장소에 떼어놓고 과연 ESP에 의해 말로 맞추는 일이 가능한가 여부의 실험을 실시해 보고, 다시 그 것과 단거리를 사이에 두고 실험한 결과와 비교 대조하면 잘 알 수 있는 상황이다.

그런데, 텔레파시와 클레아보이안스의 둘이 다 장거리 실험 결과나 단거리에서 행한 결과는 전혀 동일한 좋은 성적을 올리고 있다. 거리는 가까운 곳이든 얼마쯤 떨어진 곳이든, 혹은 수 백 마일 떨어진 곳이든 실험이 증명하는 한, ESP의 작용에 전혀 상위는 없다. 그 점에 관해 각도도 장벽도 그 밖에 물리적 조건도 ESP의 실험 성적상 같아 어떤 영향을 갖지 않았다.

그렇다고 하면, 시간관계에 대해 어떠 했는가? 만약 공간이 ESP에 아무런 영향을 주지 않는다고 하면, 시간 역시 아마 영향하지 않는다고 우리는 추론했다.

미래에 관한 ESP의 실험 즉, 예견은 정규의 ESP실험에 기초해 쉽게 인출할 수 있을 것이다. 멀리서 초감각적으로 카드를 완전히 맞추는 사람들을 피실험자로 뽑아, 1조의 카드를 카트한 후, 카드 순서는 과연 어떤 식이 될 것인가를 예언하게 하는 것이다.

먼저 예언하게 한 위에, 기계에 의해 카트한 1조의 카드를 조사해 보면, 그 순서는 예언대로 적중하고 있다. 이전보다 먼저 처음 카드를 카트하고 그 위에 이렇게 카트한 1조 중 카드 순서가 어떻게 되었는지 맞추는 것과 조금도 다르지 않았다.

10일 후에 카트한 1조(組)의 카드 순서도 2일 후의 그 것도 어떻든 변화 없이 예언은 완전히 적중할 수 있었다.

먼저 카드 순서를 예언하고, 그리고 몇 시간 또는 몇 일이 되어 카드를 카트한다는 식으로, 미래에 있어서의 때의 격차에 어떤 장단이 있어도 카드를 미리 카트한 후, 즉각 말로 맞추는 것과 전혀 같아서 그 것은 처음 실험에서의 거리 원근이 아무 차이를 보이지 않은 것과 같은 것이다.

이처럼 실험을 실시한 결과를 가지고 생각해 보면, 다만 1가지 해석 밖에 이루어지지 않는다. 즉, 인간의 마음은 이런 '초감각적 인지 력'이라 할 능력에 대해 물리적 세계에 존재하는 공간 및 시간의 한계를 어떤 경로에 의해서인가 어떻든 초월한다는 사실이다.

이 실험은 다른 연구소에 있는 다른 남녀 연구원들의 실험에 의해서도 확인되었다.

이처럼 인간의 마음은 분명히 우리가 아는 물리학의 범위에 속하지 않는 특성을 가지고 있다는 것이 움직일 수 없는 사실로 인정되었다.

공간과 시간은 물리적인 것의 확실한 표시인 이상, 마음은 당연 물리의 범위를 초월한 것으로 본질적으로 영적인 것이 아니면 안 된다. 그리고 우리 인간의 '혼'이라 부르는 것의 의미를 생각하면, 그 것은 마음이 비물질적 내지 영적 본질을 가지고 있다는 사실 밖에 안 된다.

이 ESP 실험은 혼의 실재를 입증한 것 같다.

이 사실을 일부 사람들이 보면, 혼의 문제를 해명하는 매우 작은 첫 걸음을 겨우 내딛었다는 데 지나지 않는다고 생각할 것이다. 확실히 우리는 이 소견의 영향을 과장해 생각할 일은 아니다.

사실 우리는 혼(魂)에 관한 학리(學理)의 매우 초보적인 실증을 포착한 데 불과하다.

물론, 이 같은 연구에서 본 것 이상으로, 혼의 종교적 관념에, 매우 많은 사실이 존재하고, 많은 문제가 남아 있다.

혼은 육체에서 떨어져 존재하는 것일까? 즉 육체의 사후 역시 존속하고 있음인가? 만약 실제로 존속한다고 보고, 육체를 잃은 혼은 살아있는 사람들과 교섭을 가질 수가 있는 것일까? 또는 어떤 힘을 미치고 있는 것일까?

우주의 혼 내지 신이라는 문제를 어떻게 생각할까? 혼과 혼 사이의 교신은 어떨까? 특히 인간의 혼과 신의 혼이 교신할 수 있을까?

그런 사실이나 종교가 설명하는 그 밖에 많은 근본적인 중요 문제에 대해 본 논문에서 이상 주장한 말은 아직 전혀 다루지 않은 이유다. 다만 여기서 당연 결론을 내리는 일은 인간을 물리적으로만

보는 사고 방식이 유물주의가 나타난 이래, 지식 계급 사이에 점증하고 일반에 퍼지고 있지만 현재 그 것이 전혀 근거를 상실했다는 사실이다.

결론은 모두 그 것뿐이다. 여기에 무엇이 어느 만큼 인가는 아직 우리에게 알 수 없다고 해도 무엇인가 물리 범위를 넘는 것이 인간에게 확실히 존재하고 있다는 정황이다.

인간의 생명에 시간 및 공간의 법칙에 지배되지 않는 일련의 실체가 존재하는 것이 된다.

그리고 가까운 장래에 이 문제를 분명히 구명할 수 있는 가능성이 큰 것으로 예견된다고 생각한다. 이렇게 인정하는 것은 매우 중요한 장래성을 갖는 일을 의미한다고 본다.

사람의 혼에 대한 이론은 장래의 종교 문제에 대해 또 다시 많은 것을 쌓아 올리는 소지를 제공하는 것이라 생각한다. 인간에 관한 정신과학이 처음으로 쌓아 올린 중요한 초석을 우리는 여기서 확인한 것이다.

과학 연구를 지금부터 이상과 같은 방법으로 계속해 인간의 인격과 그 본질이나 운명 등에 대해 가능한 대로 많은 사실을 밝혀내지 않으면 안 되므로 그 것이 남겨진 큰 과업인 것이다.

간단히 말하면, 종교의 범위 안에서 다루어 지는 수많은 큰 문제를 들어올려 앞에서 말한 같은 방법으로 연구를 진행하는 일이 남겨 있는 것이다.

종교 문제에 깊이 파고드는 실험에 대해서 정통파 종교 지도자들로부터 강한 반응을 받은 시대가 있다. 지금도 여전히 종교가들은 순수 신앙의 영역 안이라 보고 있는 곳에 과학이 연구의 손을 뻗치는 일을 매우 싫어하는 보수 성향의 사람도 적지 않다

또 가장 깊은 종교심을 가진 현대의 남녀에게 인간의 마음에 관한 문제에 대해 가장 구체적인 지식을 갖고 싶다고 갈망하는 사람도 적지 않다. 더욱이 우리가 현재 가지고 있는 지식 정도의 훨씬 저쪽에 가로 놓인 가능성에 대해, 보다 구체적으로 알고 싶어 한다.

놀라운 사실은 우리의 연구에 대해 가장 큰 반대의 소리를 낸 것은 정통파의 과학자들이었다. 과학계의 보수 진영은 자연계가 둘로 갈라진 일을 더 더욱 두려워하고 있다.

정신과 육체라고 하는 이원적 형식으로 나뉘는 일을 혐오하고 있다. 이 같은 이원성을 시사하는 실증이라면, 어떤 연구에도 일체 눈을 돌리려 하지 않는다. 그러나 그런 우려의 근본은 어떤 이렇다 하는 근거는 없다.

왜냐하면, 우리가 지금 확인하고자 하는 것처럼 가령, 인간이 혼과 육체의 근본적으로 다른 2가지를 자졌다고 해도 그 2가지는 지금도 어느 의미에서 융합하고 있기 때문이다.

그 둘은 상호 작용을 하고 있다. 따라서 이 둘 사이에 어떤 공통한 것이 있다는 뜻이다. 만약 2가지 사실이 모든 점에서 상위하고 있다면 둘은 서로 영향하지 않을 수 있다.

따라서 여기에 어떤 숨겨진 실재(實在)의 세계 즉, 우리가 아는 물리적 및 정신적인 어떤 것도 아닌 것이 어쩌면 실재하고 있어 그 주변에서 정신과 육체 혹은 영과 물리의 현상이 근원적으로 발생하는 것이 아니면 안 된다고 생각하는 것이다.

정신과 물질을 넘어 존재하고 있는 이 피안(彼岸)의 영역은 전혀 미지의 세계로 가로 놓여 있어 마치 콜럼버스가 발견한 미국 대륙과 같이, 침묵의 모습을 하고 장래가 촉망되는 탐험가를 기다리고 있는 것이다.

더구나 현재의 지식과 신앙을 근거로 만들어지고 있는 차트(항로도)의 권위에 의심을 가지고 그 것을 실험적으로 테스트해 보고자 계획하는 사람들은 위대한 용기를 가지고 관계할 것을 필요로 하고 있다.

여러 다양한 지지자(支持者)

나는 몇 차례인가 심령(心靈) 연구회에 출석했지만 이 같은 문제에 대해 믿음을 두지 않는 사람, 즉, 이 같은 회합에서 행해지는 현상을 조소하는 사람이 있어 그 사람의 사고 파동이 적대적인 공기를 빚어내는 것이 있으면, 그 때문에 실험의 속행을 중지하지 않으면 안 되는 일이 있었다.

물질주의자인 회의파(懷疑派) 사람들은 이런 이야기를 들으면, 웃어 대지만, 큰 회합의 출석자 가운데 단지 1사람 거치적거리는 사람이 있어 그 회합이 형편없이 되어 주최자의 노력이 보람없이 된 보기를 나는 보고 있다.

사고력에 대한 이론을 알고 있는 사람이면, 이런 실험에 동조하지 않는 생각을 가진 사람이 발하는 파동이, 왜 전체 일을 방해하느냐 하는 것을 잘 아는 것이 당연하다. 이 점에 대해 라인 박사의 실험이 입증하고 있다.

박사의 사이코키네시스(물리 현상이라 하고, 염력 만으로 물체를 움직이는 힘)의 실험에서 보아도, 만약 피실험자 눈 앞에 방관자가 있어 피실험자 주의를 다른 것으로 돌려, 그 성적의 점수를 저하시키려 시도하면, 성적은 반드시 기대 이하로 떨어진다.

이와 반대로 같은 피실험자가 단독의 경우이든 혹은 중용 또는 동정적 방관자가 임석하고 있을 때는 그 채점 수가 매우 높아지는 것이다.

뒤이어 말해 두고 싶은 것은 에디슨, 스타인메츠, 테스라, 말코니 등을 비롯해 대부분의 전기 과학자들은 텔레파시의 열렬한 지지자였다. A 캬렐 박사는 텔레파시를 믿고 이런 연구에 생리학과 똑같이 과학자가 들어맞는다는 지론을 폈다.

런던의 심리연구학회에서 20년간 연구 끝에 텔레파시가 실재한다고 학회 서기가 발표하고, 또 많은 대학에서 실시된 실험 끝에 텔레파시의 실증이 속속 발표되고 있음에도 불구하고, 이런 종류의 연구 소견을 인정하려 하지 않는 과학자가 지금도 있다.

또 다른 쪽에서 자기류의 연구를 진행하는 사람도 점점 많아지고, 그 가운데 일부 사람으로부터 속임수라 백안시하는 사람들도 있다.

그러나 내가 보기에 이 종류의 연구를 경시하는 사람들은 그들 자신의 입장도 공정하지 않고 또 이 현상에 흥미를 갖는 사람들에 대해서도 그들은 공정한 태도가 아니라고 생각한다. 그 것은 이 종류의 연구를 해 나가면, 우리가 오늘까지 몽상도 하지 못한 위대한 발견에 도달할 지 모르기 때문이다.

텔레파시의 실례

말이나 개 애호가, 특히 오래도록 말이나 개를 양육해 온 사람들은 동물과 사육 자 사이에 텔레파시가 실존한다고 강조한다.

일찍 어느 회사 임원이 나에게 말해 준 것이지만, 흔히 있는 오래 늘어 붙은 손님가운데 마음 속으로 손님을 향해 "이제 돌아가도 좋을 때이지. 돌아가, 돌아가."하고 말하면, 손님은 곧 뒤로 머뭇거리고 시계를 보며 의자에서 일어나, 모자를 집고 드디어 돌아가는 것이다.

가정에서도 손님이 오래 머물러 있을 때 같은 일이 실시된다. 돌아갔으면 하고 생각할 때 자기 마음 속으로,

"이제 돌아가요. 이제 돌아가, 돌아가."

하고 말하면, 손님은 방을 둘러보고 시계 있는 곳을 찾아 말한다.

"이제 일어나야 하겠어요"

의심 많은 사람들은 그런 것을 들어도 그 것과 텔레파시와 아무

관계가 없다고 말할 것이다. 주인 쪽 얼굴의 표정이나 태도나, 피로해 초조한 모양 등이 손님에게 이제 자리에서 물러나지 않으면 안 된다고 생각하게 한다고, 말할 수 있다.

그러나 만약 그런 의심이 있다면, 마음속으로 빨리 돌아가기를 바라고 있음을 상대가 알지 못하도록 말이나 얼굴 표정 등에 잘 주의하고 실험해 보라. 곧, 알 수 있다. 손님이 무엇인가 특히 주인 쪽 양해를 얻고 싶다든가, 혹은 어떤 의론에 이기고 싶다고 열심히 바라고 있을 때는, 그 효과가 나타나기 어렵지만, 대화가 중단되는 때를 겨냥해 시도해 보면, 생각 밖으로 효과가 있는 것이다.

수 년 전, 나는 큰 빌딩 2층에 사무실을 가지고 있었다. 그 후, 관계하던 회사도 나도 10층으로 이전했다. 내가 엘리베이터를 타면 "10층!"하고 엘리베이터 걸에게 말한다. 그리고 곧바로 2층 일이나 2층에서 나와 관계 있는 여러 회사의 일 등을 생각해 본다.

그러면, 내 얼굴을 모르고 또 나의 전날의 관계 등 전혀 알지 못하는 새 얼굴의 엘리베이터 걸이 엘리베이터를 2층에 세우고 내 쪽을 뒤 돌아보는 일이 종종 있다.

태평양 연안에 사는 유명한 목사로 심리 현상에 열심인 연구가가 있다. 이 사람이 나에게 이런 이야기를 했다.

교회에 꽃이 필요할 때는 그런 생각을 교회 사람 누군가에게 간단히 전해준다. 그러면, 반드시 꽃을 가져다 준다. 또 교회의 '기념의 창'에 어떤 것이든, 또 하나의 창이 필요하다고 생각할 때, 마음 속에 그 모양을 그리면, 누군가가 반드시 만들어 주었다. 등의 일 뿐이다.

R 앤드류 씨는 라디오 프로그램 일로 매우 드문 우연의 일치가 일어난 이야기를 했다. 어느 미국의 작곡가가 신곡을 발표했을 즈음, 바로 그 때, 전 음표 곡의 전혀 똑 같은 것이 그 조금 전 독일에서도 따로 작곡되고 발표된 것을 알았다.

처음부터 끝까지 전혀 똑 같은 것이 작곡되었다는 사실은 멀리 떨어져 있는 사람들이 동시에 같은 사실을 생각했다고 하는 많은 이야기 중에서도 특히 이례적이다.

미국 서해안에 사는 나는 일찍 동해안의 출판업자에게 원고를 송고하면 그 것과 같은 재료를 담은 문장을 동해안의 다른 사람으로부터 도 바로 직전에 받았다는 통지를 받은 일이 있다.

A 벨이 전화를 발명했을 때, E 그레이도 같은 것을 발안(發案)했다고 주장한 사실도 유명한 이야기다. 문학자, 발명가, 과학자, 기사, 작곡가 등의 사이에서 각각 같은 착상이나 발견이 실시되었다는 이야기는 이따금 듣고 있는 일이다.

8부

생각은 실현된다

생각은 실현된다

수 년 전, 대중적인 다이제스트 식의 잡지에 시카고 시에서 과학자들이 나방의 실험을 한 기사가 나왔다. 어느 진기한 나방의 암컷을 한 방에 가두어 놓고 같은 종류의 수놈 나방을 4마일쯤 떨어진 곳에 풀어놓았다.

몇 시간이 지나자, 그 수놈은 암놈이 갇혀 있는 방의 유리창 문에 와서 날개를 푸드득 푸드득하고 있었다. 그 잡지 기자는 생물의 생각이라 하는 것이 멀리 까지도 날아간 것이 틀림없다

암놈 나방은 자기가 있는 곳의 벽 등의 모든 것을 넘어 이 단 하나의 수놈을 향해 교신했다고 밖에 생각하지 않을 수 없다고 하는 것이다.

동물계의 텔레파시

새 종류는 텔레파시라 이름 붙인 정신 교류나 클레아보이안스라는 투시력을 가지고 있는 것처럼 생각된다. 다음과 같은 간단한 실험도 그 하나의 예증으로 놀라움을 던져 주었다.

미국에서 새가 거의 없는 계절에 집안 뒤 뜰에 빵 부스러기를 뿌려 본다. 눈길이 닿는 한에서 한 마리의 새도 보이지 않았다. 그러나 우리가 집에 들어갈 즈음에 벌써 새들은 여기 저기서 모여들고 있다. 처음에, 참새, 굴뚝새, 울 새 그리고 2,3분 지나자, 뒷 뜰 가득히 새들로 찼다.

다른 먹이라 하면, 무엇을 뜰에 뿌려도 1마리 새도 오지 않는다. 무엇이 새들을 뒤 뜰에 끌어들인 것인가? 빵도 먹이라는 사실을 어째서 새들도 알고 있었던가?

현재의 과학에서 이에 대해 분명한 답을 내놓고 있지 않다.

수년 전, 곤충학자 E 힐은 나비 연구를 방송하고, 과학자의 연구가 진전되면, 새도 곤충도 각각 특수한 무선 전파가, 또는 어떤 특별한 교신 방법을 갖는다는 결론을 얻을 수 있을 것이라 말했다.

그런 이야기는 자연 연구가들이 전부터 말해 오고 있는 사실로, 이 문제는 많은 책에서 다루고 있다. W 롱 씨의 '동물은 어떻게 이야기를 나눌까?' 등의 저서로 유명하다.

지나간 전쟁에서 미국의 육군 통신부대가 전서(傳書) 비둘기와 단파 라디오로 실험한 보고에 따르면, 비둘기는 라디오 단파에 혼란되어 방향을 잃고 몇 차례나 원을 그리고 나른 후에 행방 불명이 되었다.

캘리포니아 주 어느 지방의 제비는 반드시 10월 23일에 어디인지 모르게 날아가 버리고, 3월 19일 반드시 돌아오고 만다. 또 부호를 붙이고 콜롬비아 강의 여러 지점에서 방류한 연어는 태평양에서 4개 년을 지낸 후, 반드시 방류된 곳으로 돌아온다.

개와 고양이는 키우는 주인 집에서 수 마일 떨어진 곳에 끌고 가도 대개는 돌아온다. 오리와 기러기도 본래 살던 곳으로 돌아온다. 그 밖에 여기에 들어낼 수 없을 만큼 많은 불가사의한 일이 자연계에 있다.

물고기 및 새와 짐승, 곧 우리가 아는 모든 생물에게 라디오 진동파 또는 천리안의 힘이 작용하고 있는 것이 아닌가? 모든 생물은 서로 교신하는 능력을 가지고 있다고 말하는 사람도 적지 않다.

예일 대학에서 실시한 투시와 정신 교류의 실험으로 보면, 그 것도 생각하지 않을 수 없는 일이 아닌가.

지난 대전에서 시력 장애가 된 사람들은 '안면의 시력'이라는 사실을 라디오로 방송했다. 그들은 전방에 가로 놓인 장해를 6감으로 감지한다. 즉, 정신의 레이다(암시 기)를 써서 알 수 있는 모양이다.

전상(戰傷)의 맹인들에게 6감의 사용법을 가르치는 보스턴 시의 심리학자 J 레바인 박사는 그 제6감이 어떤 것인가는 상세히 알지 못하면서 활용할 수 있는 것은 확실하다고 말하고 있다. 이 '안면의 시력'은 사람의 몸이 지금은 분명치 않다.,

몇 종류의 광선을 내서 그 것이 전방의 물체에 부딪혀 그 주위에 모여 영상을 만들고 그 상을 무너뜨리지 않고 맹인 쪽으로 가져와 그 광선의 자극이 맹인의 피부 면에 전해져 '본다'는 것이 가능하다고 하는 가설을 세우고 있다.

정신 교류나 사상 전달 등 여러가지의 것이 세간에 알려진 이상으로, 우리 일상 생활에 사용되고 있는 것이다. 예부터 그런 사실을 믿은 많은 큰 지도자, 설교가, 웅변가, 상사 간부, 세일즈맨 등이 스스로 그렇게 자각했든 안 했든 관계없이, 다소 간에 그 힘을 이용했다고 나는 생각한다.

우리는 어떤 모르는 사람을 만나면, 아직 한 마디도 하지 않았는데도 그 사람이 좋고 싫은 것을 느낀다. 그런 식으로 인상을 나르는 것은 생각의 교신이 아닐까?

 정신 치료나 멀리 떨어진 곳에서 남에게 힘을 미치는 것은 그렇게 생각할 밖에 설명 방법이 없다. 그런 사실에 대해 인류는 최근에 이르러 드디어 과학적으로 설명할 수 있게 되었다.

신비적인 영향력

내가 아는 유명한 변호사는 편지를 쓸 때, 항상 실내에서 이리 저리 걷는 버릇이 있다. 나도 관계했던 어떤 사건의 일로, 그 사람 사무실을 방문한 적이 있지만, 그 때마다 의자에 앉아 그의 거동을 자세히 관찰했던 것이다.

그의 정신 집중은 이상한 것으로, 편지를 타자수에게 구술할 때, 항상 선 채로 하는 것이지만, 어째서 서는가, 그리고 그 편지는 왜 언제나 반드시 상대를 승복 시키는가? 하는 사실을 물으면, 그는 이렇게 대답했다.

"첫째로, 나는 서 있는 편이 사물을 잘 생각할 수 있다. 구술하기 전이나 구술 중에도 나는 반드시 편지 상대의 모습을 눈 앞에 영상으로 그리고 있다. 만약, 본 적 없는 상대라면, 대개 이런 얼굴을 하고 있을 것이라 생각하는 얼굴을 상상하고, 그 모습을 눈으로 주시한다.

어떤 경우도 마치 상대가 실제 내 눈 앞에 서 있는 것 같은 속셈으로, 곧바로 그 상대를 향해 자기 생각을 정리해, 사물을 말하는 것처럼 힘써 정신을 집중하는 것이다. 나의 사고 방식은 정당하기 때문에 상대가 어떻든 간에, 그에게 따르지 않으면 안 되는 것이라는 사실을 정성을 다해 그 사람에게 고할 뿐이다."

어느 때, 서적 판매를 하는 한 부인이 나에게 이런 이야기를 했다. 어느 유복한 고객이 있어 한 권의 책을 사고자 생각했다. 그런데 2권의 책을 놓고 어느 것을 선택하느냐 망설이고 있다. 그래서 그녀는 상대 손님의 일을 마음으로 생각하며, 그 사람에게 가장 적당한 책 이름을 자기 마음속으로 몇 차례나 되풀이했다.

이렇게 사람의 사고를 자아내게 노력하면, 몰라볼 정도로 판매 성적이 오른다고 말하고 있다.

또 어느 자동차 판매회사의 임원도 이런 이야기를 했다.

"어느 예정 고객이 있고, 그 사람에게 자력(資力)이 충분히 있다고 생각할 때 항상 자기 마음속으로 '당신은 이 차를 꼭 구매합니다. 이 차를 꼭 구매합니다.' 하고, 되풀이하면, 그 예정 손님은 반드시 구매하는 것이다."

물건을 산다든가, 또는 어떤 일을 시작할 때, 만약 남이 모르게 내가 마음속으로 생각하고 있는 것 때문에 움직이고 있다고 알면, 누구도 유쾌한 일이라 느끼지 않을 것이다. 그러나, 실제 문제로 우리는 모두 그런 미묘한 영향 아래 사회 생활을 하고 있는 것이다.

 이 같은 힘의 일을 정신 교류라 할까, 무어라 하든 별 문제로 하더라도, 어떻든 세상에 그런 보이지 않는 힘이 항상 현존하는 것이기 때문에, 이 힘을 이용해 보면, 그 것이 얼마나 강하고 또 유효한 것인가를 즉시 알 수 있다.

신비적인 영향력의 이용

엄마는 그런 힘을 아이를 향해 사용하고, 아이는 또 부모에 대해 사용하고 있음을 잘 보고 있다. 부부 사이에서도 서로 상대가 모르게 사용하는 일이 자주 있다. 특히 부부가 매우 잘 동조할 때 특히 더 그렇다.

결혼 생활을 하는 사람으로 그런 경험을 한 일이 없는 사람은 새롭게 이를 시도해 보면 새로운 경지가 열리는 것이다.

수 년 전, 나는 이런 신비적인 힘을 이용한 재미있는 실례에 부딪친 일이 있다. 내가 관계하는 어느 회사 사장은 영업부장이 하는 일이 아무래도 마음에 들지 않았다. 그러나, 오래 회사에 근무해 온 남자 이므로 정 떨어지게 해고할 이유가 없었던 것이다.

어느 날 사장은 나를 향해 말했다.

"저 영업부장의 일은 전혀 처리에 곤란이 있었다. 하지만, 순간 뜻밖에 생각이 들었다. 영업부장이 스스로 사직을 원하고 있어 영업부 책임자의 지위에서 물러나 세일즈맨이 된다면 좋지 않을까 하고 생각했다.

그리고 나는 그가 사직을 원하는 것처럼 그의 마음속으로 남모르게 암시를 주어야 하겠다고 생각했다. 나는 하루 밤 내내 그 일을 계속 생각했다. 그런데 이튿날 아침 첫번째로 그가 내 방을 찾아왔다.

영업부장을 사임하고 싶다. 그리고 그보다 더 많이 보수가 생기는 세일즈맨이 되어 가두에 나서겠다 하고 말할 때, 나는 방금이라도 의자에서 굴러 떨어질 정도로 놀랐다. 내가 그런 비법을 썼다는 증거도 없고, 따로 책임도, 양심의 가책을 느끼는 부분도 없다.

지금 이 사람은 영업부장 때보다 배나 수입이 늘고, 전보다 훨씬 즐겁게 살고 있고, 우리 회사에서 모두 일심으로 협력해 점점 번성해 가고 있다."

이와 관련해 어느 부부의 이야기가 있다. 어느 때, 이 부부가 함께 나에게 와서 남편이 이렇게 말했다. 그는 수 개월 전까지 미국 중서부에서 의류의 큰 생산공장을 가지고 있었지만 그 것을 남에게 양도하고 지금은 국내 여행을 유일한 낙으로 살고 있다는 것이다.

예전 메모를 꺼내 그 기록에 기초를 두고 다음과 같은 이야기를 들려주었다.

"30 여년 전 이야기이지만, 나는 세계에서 가장 오래 되고 가장 큰 비밀 신앙클럽의 1사람이 되어 있었다. 여기서 철저하게 굳은 신앙을 가지도록 강요 받았지만, 많은 사람들과 똑같이 아무리 해도 마음으로 이에 따르는 일이 가능하지 않았고, 또 그 신조에 있는 소위 진리를 인정할 수 없었다.

그런데 몇 년 전의 일로, 정신 통일강습회에 출석해 비로서 인간이란 일단 스스로 시도해 보고자 결심하면, 놀라운 일을 이루어 낼 위대한 힘을 몸에 붙일 수 있는 것이라고 분명하게 알았다. 이 것은 나의 비즈니스에도 통용되고 또 통용하면, 매우 유익하다는 사실도 알았다.

그리고 그 것을 이용할 적마다 두드러지게 번성하고, 그 후 계속 영업은 발전을 계속하고 있다. 그리고 경제 불황을 돌아보아도 남에게 양도할 때 조심해서 해도 나의 회사는 전국 제일의 것이었다."

여기서 그의 아내는 이야기 속에 끼어들었다.

"그 신앙 강습회에서 내가 돌아와 기억해 둔 사실을 남편에게 이야기하면 특히 비웃으며 그런 일은 시간의 낭비라 하여 듣지 않는 것이다. 나는 그 신앙에 확실히 어떤 무엇이 있으므로 만약 남편이 그 것을 잡아준다면 반드시 사업상에도 좋은 이익이 있을 것이 틀림없다고 믿고 남편에게도 들어올 것을 권유했다. 그러나 어느 날의 일, 지금까지의 나의 방식은 잘못되었다는 사실을 알았다. 그리고 이때문인지 나는 열심히 일을 했다. 딸도 나도 하루 동안 몇 회라 할 것 없이 마음 속으로 되풀이했다.

아빠는 간다, 아빠는 간다 하고. 3주간 걸렸는데, 아빠는 마침내 갈 수 있게 된 것이다."

이 때 남편은 이야기를 떠맡아,

"당신의 그 마법 이야기 이지만, 아내는 확실히 나에게 그 위력을 주었다. 처음 강습회에서 듣고 온 이야기를 해줄 때, 그런 바보 같은 일은 없다고 생각했다.

나는 현실주의 사업계에서 자라온 까닭에 그런 현실을 떠난 일에 귀를 빌릴 기분이 들지 않았다. 그러나 어느 날, 무엇인지 모르게 나를 독촉하여 아내와 함께 가라고 하는 소리가 들리는 기분이 들었다.

그 때는 그 무엇이 설마 아내가 마음속에서 살며시 암시를 주고, 딸과 함께 나에게 작용하고 있다고 생각도 하지 않았다. 그러나 그것이야 말로 나의 일생에 일어난 가장 큰 사건이었던 것이다.

그 제1회 강의 후에, 곧바로 비즈니스에 응용해 보니까, 나의 사업은 두드러지게 잘 되어, 점차 내가 사업에서 손을 뗄 때에도 계속해 번성을 이어가는 한창이던 때다."

"그러나 잘못을 말라. 나는 세간 일반 정통적 의미의 종교 신자가 아니다. 내가 말하는 깃은 종교의 신앙이 아니고 정확한 과학인 것이다. 우리가 마음속에서 생각하고 그 것을 계속 생각하면 그 것이 현실이 되어 나타나는 것이다.

우리는 자기가 마음속으로 생각하는 것을 아마 무의식으로 남을 향해 방사(放射)하고, 그 것이 남에게 영향을 주게 될 것이다. 우리는 자기 몸속에서 보호 육성한 좋고 또는 나쁜 염파(念波)를 발산하면,

즉각, 그 것은 상대로부터 반격해 와, 우리를 때려 덮는다. 모든 사람에게 필요한 것은 인과 법칙을 연구해 그 것을 이해하는 것으로, 그 것만 알면 모든 것이 명백 해 지는 것이다.

사상은 보이지 않는 강력한 위력을 갖는 것이라 생각되지만, 그 것은 바로 그대로다. 이 문제에 대해 이야기를 아는 사람은 그렇게 많지 않다. 대부분의 사람은 이 문제를 알지 못하고, 또 그 일에 대해 무엇인가를 말하면, 꼭 눈을 외면하는 것이다.

그러므로 그리스도가 많은 비유를 가지고 설명한 이유를 잘 알 수 있다. 그러나 앞으로 지나치게 긴 세월을 걸치지 않아도, 이 것은 세간의 상식이 될 것이 틀림없다는 결론에 이르렀다.

지금은 많은 사람들이 인류는 사고하는 힘을 여러 방면으로 이용하는 시기(時機)를 향하고 있음을 안다. 그리고 이런 식으로 이 문제에 이해를 갖는 사람들은 점점 격증하고 있는 것이다."

"사업계에서 왜 좀더 많은 사람이 그 것을 입수해 모든 사업을 위

해 응용하고자 하지 않는가? 그러나 그 많은 사람들은 일찍 내가 그랬던 것처럼 항상 마음을 닫고 있어 아내가 나에게 작용한 것처럼 그 정도까지 돌보아주는 조력자가 없는 이유 때문이다.

우리는 먼저 열을 올리고 사고력의 실재(實在)를 믿을 수 있으면 좋을 것이다. 그리고 그 기술을 마음으로 사용한다고 하면 좋을 것이다. 당신이 말하는 그대로다.

누구에게도 좋은 잠재 의식의 힘을 끌어 내는데 마음을 쏟으면, 즉시 어떤 마법 같은 것에 의해 눈 앞이 트이는 것처럼 된다. 그대로 잘 갈 수 있을까? 그 것은 대단한 것이다!"

과학의 금단(禁斷) 경(境)

태평양 연안 북서부에서 보험 대리업으로 신용을 얻고 있는 A 파커는 이 사이언스의 기술에 대해 나에게 편지를 주었다. 파커가 텔레파시를 어떻게 생각하는지 모르지만, 그 사람이 이 신념의 유효한 사실을 깊이 인정하고 있다는 내용이 이 편지에 잘 나타나 있다.

"최근 나는 기회를 잘 타서 잠재 의식을 이용하는 당신의 이른바 심리 연구의 고안(考案)을 다시 한 걸음 더 나아가 실용 하는 기회를 얻었다. 이 사실을 보고하면, 꼭 기뻐할 것이라 생각한다. 나에게 어린 아들이 있는데 눈에 넣어도 아프지 않을 정도의 귀여운 아이다.

언짢은 해의 세모(歲暮), 어떤 불명의 병균에 감염되어 중환이 되고 내일에의 전망도 불안한 어두운 몇일을 병원에서 지냈다. 나는 매우 우려할 수 있는 상황에 최선을 다하고, 이에 대처할 수밖에 길이 없었다.

그래서 귀하의 지시에 따라, 아들의 사진을 사무실 테이블 위에 놓고, 또 한 장을 주머니에 넣고, 하루 종일 1시간마다 그 사진을 바라보며 나는 자신을 향하여 '아들은 낫는다. 아들은 낫는다'하고, 혼자 말을 했다. 처음에 자기에 대해 어떤 거짓을 말하는 기분이 들었다.

아들이 나을 것이라는 전망은 거의 생각할 수 없기 때문이다. 그러나 내가 방심하지 않고 계속하자, 점차로 자신이 반복 말하는 것을 자신도 믿을 수 있게 되었다.

마침 그 때, 최선의 의료 처치와 간호 조치를 실시함과 동시에, 친구들 후의에 의한 수혈 등을 실시한 결과, 아들은 진정으로 낫기 시작했다. 지금은 집에서 섭생을 하고 있고 급속히 평소의 몸으로 돌아왔다.

단순한 우연의 일치인지 모르나, 처음 나의 멍한 말이 점차 확신으로 변했을 때부터 조금씩 회복되기 시작했으므로, 그 일치는 마음속에서 잊을 수 없는 어떤 인상이 되었다."

아주 캄캄한 방에 들어갔을 때, 누구도 전혀 소리를 내지 않는데 여기 누가 있는 것처럼 기미를 느끼는 일이 흔히 있다. 확실히 그 것은 눈에 보이지 않는 누군가가 파동을 내고 있기 때문일 것이다.

이 것은 염파(念波)라는 것이 방사되고 있음을 입증하는 것이라 생각할 수 없을 까. 당신은 어떻게 생각하는가?

캄캄한 방에 있던 사람이 제2의 사람이 들어왔을 때, 만약 자기 자신의 일을 전혀 생각하지 않고 자기가 발견되지 않을까 하는 일을 조금도 염려하지 않았다고 하면, 제2의 사람은 그 어둔 방에 사람이 있다는 등 느끼지 않을 것이 틀림없다고 생각되고 있다

또, 어떤 사람의 일을 생각하고 있으면, 그 사람으로부터 편지가 오든가 혹은 얼마 후, 그 사람과 만나든가 하는 일이 있다. 이런 체험을 가진 사람은 상당히 많다. 그러나 이런 경험을 가지고 있으면서 대부분의 사람은 어느 틈에 잊어버리고, 그런 일을 전혀 잊고 살아간다.

이런 체험은 보통 우연의 일치라고 생각하고 있다. 하지만 우리는 그 것을 사고(思考)의 힘이라고 생각하는 편이 일층 잘 어울리는 참된 설명으로 납득하는 것이 아닐 까.

공명심(公明心)을 가지고 독서하는 의욕이 있으며, 더구나 스스로 실험을 싫어하지 않는 사람이면, 언제인가 반드시 사이코키네시스(염력으로 물체를 움직이는 것)나 텔레파시(정신 교류) 등은 현실로 실행할 수 있다는 결론에 조만 간 도달할 것이 틀림없다.

그 같은 힘은 모든 사람에게 똑 같이 잠재해 있어 그 발달 정도가 가지 각색 이다. 학자는 그렇게 보고 있다.

카드로 재미있는 실험

'심리 현상의 법칙'을 쓴 허드슨의 보고에 따르면, 텔레파시가 실재하고 있음을 실증한 실험은 많지만, 그 중에서 트럼프의 카드를 사용하는 방법이 있다.

그 것은 먼저 일단의 사람들 가운데 1사람을 뽑아 눈을 가린다. 그리고 어느 1사람이 카드 1장을 뽑아 그 것을 생각한다. 일단의 사람들은 그 짝에 주의를 집중한다. 눈을 가린 사람은 마침내 첫 인상으로 자기 마음에 떠 오른 카드를 말해 적중시키는 것이다.

이 같은 실험으로 정신 교류라는 것이 확실히 증명되는 것이다.

여기에 3사람으로 하는 간단한 실험을 소개한다. 쓰지 않는 잡지 등에서 5색의 다른 색지를 오려내어 그 것을 너비 반 인치, 길이 3인치 정도의 직사각형 작은 종이 조각으로 자른다. 종이 색은 붉은 색이든가 번개 빛 같은 청색 등 가능한 대로 선명한 색이면 좋다. 그리고 5장의 색종이 조각을 오른손 엄지와 검지 사이에 부채 모양으로 펴서 갖는다.

마치 어떤 게임에서 나누어 가진 몇 장의 카드를 가질 때처럼 갖는 것이다. 나머지 2사람 가운데 1사람(B)이 나머지 제3의 사람(C)에게 눈치 채지 않게 A가 가진 색지 1장에 손을 닿게 한다. 그리고 종이조각을 손에 가진 A는 뽑힌 색종이에 마음을 집중하는 것이다.

결국 제2의 사람 (B)가 어느 종이에 손 댔는가를 제3의 사람(C)의 마음에 통할 수 있게 뽑은 종이에 마음을 집중하는 것이다. 맞히고자 하는 제3의 사람(C)가 잘 이해하고 있지 않으면 안 될 것은 결단은 무엇에도 구애 받지 말고 마음을 비우고 이 실험보다 다른 무엇인가 멀리 있는 것을 멍하게 생각하는 것이 좋고, 마음이 지나치게 이 일에 너무 밀착하면 안 된다는 사실이다.

추측은 어기차고, 사려를 두루하고, 어느 색 종이가 뽑힐 것인가를 특히 의식적으로 생각하려 하지 말고, 처음 마음에 떠 오른 심상을 솔직하게 말하는 것이다.

그렇게 하면 제3의 사람(C)은 제2의 사람(B)이 뽑은 종이를 놀랄 만큼 정확하게 맞추어 말하는 것이다

조금 연습하면, 매우 잘 맞춘다. 특히 남편과 아내 같은 조합으로 먼저 남편이 종이 짝을 가지고 제2의 사람이 그 가운데 1장을 뽑아, 눈 가린 아내가 제3의 사람으로 맞추어 말할 때, 성공율이 매우 높게 나타난다.

나는 이 실험이 20회, 30회로, 1회의 잘못도 없이 진행되는 것을 보았다. 이 때도 신념이 사물을 말하는 것이다. 종이 짝을 가진 사람은 흔들리지 않는 정신 집중력을 가지고 색 종이 영상을 반드시 제3의 사람 마음에 전달할 수 있다는 강한 확신을 가지는 일이 중요하다.

여기 주의할 것은 이 실험만이 아니라, 어떤 때도 이 종류의 심리 실험은 대체로 이 같은 실험에 불신을 갖든가, 처음부터 조소 섞인 태도와 반 놀림으로 구경하는 사람이 그 자리에 한 사람이라도 있다면, 재미없는 결과가 나타난다.

그런 때는 오히려 처음부터 실시하지 않는 편이 좋다고 할 수 있다. 왜냐하면, 그 같은 부정적인 생각을 가진 사람의 마음은 실험자의 생각이 자유로 흐르는 것을 혼란하게 하던가, 방해하는 일이 되기 때문이다. 특히 강한 의심을 가진 사람이 있을 때 더욱 그렇다.

항상 잊어서 안될 일은 신념이라는 것이 그 향방 여하로 건설적이기도 하고, 파괴적이기도 하다는 것이다.

듀크 대학에서 실행한 사이코키네시스(물체 이동)실험에서 불신이 어느 정도나 실험 성적을 저하시키는가 하는 점에 대한 측정도 했다.

또 하버드 대학의 심리 병원 G 슈마이드라 박사는 광범위하게 실시한 실험에서도 정신 감응 등은 신화와 같은 실없는 일이라고 주장하는 사람이 만약 그 자리에 있다면, 실험 성적은 항상 매우 나쁠 것이다.

이 같은 예로 보아도 신념은 마법적인 힘이라는 사실이 명백히 나타나고 있다. 어떤 경우에도 이 일은 할 수 있다고 믿을 수 있다면 가능한 것이다. 그 반대로 불가능하다고 믿어버리면 불가능한 것이다.

프랑스 천문학자로 위대한 과학자인 C 후라마리온은 일찍이 생각의 전달을 주장해 온 사람이었다. 그는 인간이나 동물만 아니라, 모든 사물에는 즉, 식물, 광물, 또는 공간에도 생각이 있고, 원자에도 그 것이 가득 차고, 일찍 독자(獨自)의 광휘(光輝)를 가지고 있다고 설명했다.

그의 주장은 후에 영국 물리학자 에딘톤이나 진스 등도 지지한 바 있다.

1947년, P 다마스 박사는 은퇴 후에 그의 전 생애를 텔레파시 연구에 몰두한다고 공언했다.

"당신은 나를 정신 이상으로 생각할 지 모르지만 2년 후 은퇴하면 내가 갖는 시간의 전부를 이 분야 연구에 바칠 각오다. 텔레파시가 어떻게 실현되는가, 우리는 또 과학적으로 알 수 없다. '사람의 마음을 읽다'의 성공도 설명할 수 없는 것이다.

이 같은 발표를 알린 포트랜드의 오레고니안 신문은 다음 사설을 게재했다.

"P 다마스 박사는 오래 웨스팅 전기회사 연구 기사로, 지금 그는 유명한 과학자다. 그는 사람이 알아야 할 최후의 암흑 대륙으로 보이는 인간 마음이라는 영역의 탐험에 나서리라고 말하고 있다. 이 대륙에 아프리카에서 발견된 것보다 훨씬 큰 경이와 신비가 어쩌면 여기에 감춰져 있을 것이다."

"이 문제에 대해 마음 속에 회의적인 생각을 갖는 사람들도 엘렉트로닉스(전자파)의 세계적 권위 다마스 박사가 그런 확신을 가지고 있음을 알아 주기 바란다.

예전 소위 정통파 과학자는 과학에 도전하는 이 같은 현상을 향해, 한결같이 마법 또는 요술이라고 낙인을 찍고, 지금까지 계속 배척해 온 것이다.

지금은 그 집요한 어리석음을 후회하지 않으면 안 된다."

"가령, 아무리 고난의 길이 전도에 가로 놓여 있다 하더라도, 정신 현상이라 생각되어지는 것에 대해, 일방으로 치우치지 않고 공정하고 합리적인 태도로 바라보는 일이야 말로, 참된 과학적 연구라고 할 것이다. 만약 그 결과로 다툴 수 없는 확증이 얻어지는 그 날에, 그 것은 벌써 세계 일반의 확신이 되어 누구 1사람 의심을 끼워 넣는 여지도 없어질 것이다.

초자연적 현상이라 하는 것은 있을 수 없게 될 것이다.

그 것은 우리가 오늘까지 몰랐던 자연 법칙이 발견된 것이라 할 밖에 안 된다. 미지의 마음 대륙을 탐구하고자 하는 이 위대한 과학자의 결의에 유사한 것이 문명 사상에 유례가 없던 일은 없었다.

텔레파시 그 밖에 이와 유사한 현상에 대해, 과학자들 가운데 자기만의 생각으로 머리에서부터 이 것을 부정하는 언설(言說)을 발표하는 것을 이따금 보아 오지만, 이런 태도야 말로 전혀 비과학적이라 하지 않으면 안 된다."

"다마스 박사가 지금 몸을 받쳐 구명(究明)하고자 하는 이 연구는 과연 인류에게 어떤 이익을 가져다 주게 될 것인가? 지금 여기서 이 의문에 대답하기는 매우 어렵다.

그 것은 마음 깊은 속은 실로 쉽게 파고들기 어려운 금단 경(禁斷境)일지 모르기 때문이다.

그러나 만약 이 연구에서 우리 마음 속에 잠자고 있는 힘이라는 것에 대해, 현재보다 좀더 깊이 파내어 그 대체를 알 수 있게 된다고 하면, 그 지식만큼은 전인류를 위해 지금보다 일층 행복한 삶이 될지 모른다."

창조적 매직을 믿는다

각각 개인의 잠재 의식을 생각해 볼 때, 그 것을 큰 전체 가운데 극소 부분으로 보고, 여기서 나오는 파동은 모두에게 미치고, 모든 것을 포함해 생각하면, 사이코키네시스나 텔레파시 등의 현상도 알기 쉽게 되는 것이다.

사이코키네시스를 설명함에 있어 라인 박사는 좋은 성적을 올리려면 여기 좋은 성적을 얻어야 한다는 기대 심리를 사전에 가지고 생각을 집중해, 좋은 성적을 얻겠다고 열심히 소망하는 것이 좋다고 말한다.

즉, 신념 또는 신앙은 매직의 힘인 것이다. 가령, 실험자가 자기가 생각한 대로 사이코의 눈을 뜨려고 하면, 여기에 확실한 신념이 있어야 하는 것이다.

사이코키네시스나 텔레파시 힘의 근원은 신념인 것이다. 이 사실은 듀크 대학의 실험에서 확실히 인정되고 있다.

뉴욕 헤틸드 신문의 과학 기자 J 오네일 씨의 보도에 따르면, 사이코키네시스나 텔레파시에서 그 장면에 입회한 사람들 가운데 실험자의 실력에 의문을 갖는 자가 많으면 물론이고, 조롱하는 언사를 농하면, 그 힘이 감소되어 나쁜 성적을 낸다.

이 기자에 따르면, 또, 한 소녀가 사이코의 눈을 생각 대로 내는 실험을 하고 있는 청년을 향해 다른 일에 주의를 돌리게 해서 마음을 어지럽게 해 보니, 실험 성적이 좋지 않았던 일이 있다.

즉, 스스로 물질을 움직일 수 있는 힘이 있다고 청년이 자랑하는 것을 듣고, 소녀는 그 것을 조롱했는데 그 것이 심하게 청년의 기를 헷갈리게 해, 그 때문에 그의 확신이 무너지고 그 날의 성적은 기대에 어긋나고 말았다. 기자의 말에 따르면,

"마치 반대 실험이 실시된 것 같은 결과가 되었다. 다음 실험에서 자신을 강화하는 자극을 주는 이야기를 하면, 그 것이 실적을 올릴 뿐만 아니라, 얼마나 효과가 있는지를 시험하게 되었지만, 그 결과는 흥미를 가지고 기다린다."

지금은 아직, 또 이 실험의 결과는 알지 못하지만, 이미 듀크 대학이나 다른 대학에서 실시한 많은 실험으로 보면, 실험자가 굳건한 신념을 가지고 있고, 실험은 반드시 좋은 성적이 나올 것이리고 확신하고 있을 때, 스코어도 좋아질 것은 분명하다.

또, 확신이나 신념이 없는 사람이라도 자극적인 이야기를 가지고 격려해 주면, 그 실험의 성적을 올릴 수 있음도 당연하다.

가령, 골프에서도 마음 가짐을 바꾸든가 코스 상황 등을 분명히 마음의 눈으로 그릴 수 있다고 하면, 스코어의 개선이 가능하고, 또 다른 경우에도 마음의 자세를 바꾸면, 이상할 정도로 행운이 찾아온다는 사실도 있음이다.

그러므로 우리 주변의 여러 가지 사건도 마음 가짐에 따라 어떻든 간에 좌우된다는 사실은 확실해서, 우리 눈 앞에 예전 사람들이 이상한 일이라고 생각한 많은 신비 역시 근대적인 연구가 진행됨에 따라 점점 그 수준에서 벗어나고 있음이 명백하다.

듀크 대학 실험에 따르면, 세간의 모든 행운이라는 것은 사실상 강한 사고의 파장으로 생기는 것이니, 기회 이든, 우연의 일치 이든 하고, 끝낼 일은 아니라 생각되는 것도 확실하다.

듀크 대학 실험보다 훨씬 예전 시대 많은 문서에, 행운이라는 것은 장래를 확실하게 마음으로 파악하는 것, 생각의 집중, 의지, 신념이라 써 있다.

당신 자신의 신상이나 장래 목표 등에 대해서도, 이 같은 각도에서 생각해 보면 어떨까? 내가 말하는 신념의 사이언스 근본 비결은 여기 있는 것이다.

걸기를 하는 사람들은 매일 예상 외로 잘 된다, 이른바, '재수 좋다'고 흔히 말한다. 그 잘 맞는 때가 어떤 것인가 하면, 그 것은 누구나 아는 깃처럼 확실하고 끈기 있는 신념으로, 자기는 꼭 이긴다는 신념의 표현인 것이다.

　노름이라 해도 신념은 매직의 힘인 것이다. 그야 말로 뿌리 깊은 곳에서 나오는 힘인 것이다.

　물론, 이 책은 직업적인 도박사를 위한 것도 아니고, 인생에서 성공에 뜻을 둔 진실한 사람들을 위해 쓴 것이다. 찬스를 노리는 게임으로 이야기가 미친 것은 사념의 집중이나 강한 기대 및 굳은 신념 등을 가지기만 하면, 우리는 실제로 진동파를 일으켜 물질적인 표현을 할 수 있는 것이다. 이런 증거를 위해 덧붙인 것이다.

　앞에서도 말한 바와 같이, 부적, 루레트, 마스코트 등은 모두 그 자체로서 아무 힘도 가지고 있지 않다. 다만 그 것을 굳게 믿는 사람들은 지금 우리가 사이코키네시스라 이름 붙인 어떤 위력 또는 권위를 신념의 힘에 따라, 그 것에 부여하고, 또 자기 스스로도 확실하게, 위력을 기르는 어떤 기울기가 되는 것이다.

　나는 신념과 신앙 등에 의해 그 같은 힘을 어떤 모양으로 키워 나갈 것인가를 명백히 하고, 당신을 바라는 대로 높은 지위에 끌어 올리는 안내를 하고 싶다고, 생각할 때까지의 일이다.

　자기의 신념이나 신앙을 잃는 일은 매우 쉽다. 몇 만이라는 사람은 성공의 높은 정상에 올랐다고 생각하자, 또 여기서 발에 걸려 넘어져 꿈에도 생각치 못한 나락 아래로 떨어져 간다.

　어떤 사람들은 건강을 찾고 기적적으로 병증을 고치고 원래의 건강체로 돌아왔다고 생각하자, 또 몇 년 간 걸려 혹은 빠르면 수 개 월 걸릴까 말까 한 중에, 또 다시 같은 병증으로 앓고 있다.

주의하지 않는 사이에, 우리 잠재 의식 속에 살짝 들어와 우리 힘을 어울리지 않게 방해를 하는 것이 있기 때문이다. 그 방해자가 한번 들어오면, 곧 파괴력을 어기차게 펴서 모처럼 만들어 낸 건설적으로 좋은 것을 모두 풀어 헤치고 마는 것이다.

그 때는 용감하게 앞쪽으로 적극 나서서 햇볕 쪽으로 머리를 향하는 것이 좋다. 태양을 향하는 것이다. 그렇게 하면 앞길을 차단하는 검은 그늘은 모습을 지워버린다.

보통 사람에게 있어서, 이런 정신면의 일은 좀처럼 알기 어렵고 모든 것은 자기 마음 속에 있다고 하는 등의 사실은 이해하기 어렵다고 나는 생각한다.

그러나 아무리 물질에 구애되는 사람이라도 자기 자신에 관한 한, 스스로 인정하는가, 또는 자기의 자각 속에 들어오는 것이 아닌 한, 외계에 사물이 존재하는가 여부는 자기에게 모르는 일이다. 밖에 가로 놓여 있는 것에 실재를 인정하는 것은 자기 마음 속에 영상을 만들기 때문이다.

행복은 당신 속에 있다

많은 사람이 찾고 있는데 소수의 사람에게만 허락되는 행복은 전혀 우리 스스로의 마음 속에 있는 것이다. 우리 환경이나 인생에 매일 있는 사건 등은 그 것 자체로서 우리 행복과는 조금도 관계가 없다.

그 것이 나의 자각 속에 마음의 영상으로 들어옴으로써 비로소 행복 또는 불행으로 우리가 느끼는 것이다. 행복은 사회적 지위나 빈부의 차이나 소유하는 물질의 다소에 의해 증감되는 것은 아니다.

그 것은 우리 자신의 마음 상태로 우리가 자유로 처리할 수 있는 것이고, 우리 생각에 따라 그 것을 지배할 수 있는 것이다.

"모든 것은 느끼는 방식에 있다. 느끼는 것은 당신 지배력의 바탕에 있다"

하고, 위대한 철학자 로마 황제 M 오우레리아스는 말하고, 또 말을 계속했다.

"그렇다면 당신이 좋아하는 그대로 당신의 느낌을 버려라. 그러면 곶(串)을 도는 수부(水夫)와 같이 조용한 그리고 모든 것이 안정된 파도 없는 강으로 드는 가운데, 당신이 있음을 찾아 낼 것이다."

그런 사실을 앞서 5장에서 말한 78세로 심층 심리를 연구하는 사람이 말한 근대어로 말하면, 조금 복잡하게 얽혀 있지만 이렇게 말한 것이 된다.

"불행은 의식적인 정신 태도에 의해 양육될 때만 출현하는 것이다. 실망, 마음의 압박, 우울, 의기 소침 등은 모두 그 같은 일을 생각하고 흥분하는 것이 원인이 되어 그 생각 틀에 돌아오는 감정에의 암시다

만약 이런 감정 경향을 시종 잘 막을 수 있고, 의사력(意思力)이 확립되어 우리 의식에 이르는 그와 같은 영향을 막을 수 있다면, 그 생각의 바탕은 소멸하고, 그 때문에 불행은 소산(消散)해 버리는 것이다.

여기 인정되는 사실은 감정 반사에서 일어나는 억압적인 사고나 상상력에 대항하는 이 약(弱)함은 사고가 그 것을 제공할 때, 그 장면 사태에 대한 자제나 지휘의 서투름에서 생기는 것이다.

생각하는 것을 그치라! 그 사고나 또는 그 방향으로 생각하는 것을 거부하라. 당신 자신이 창조자로 당신 자신의 사고의 주인공임을 주장하라. 즉, 남의 정복을 받지 않도록 하라. 의연한 의지력을 등진 사람은 없다. 그런 의지력 앞에 죽음도 선 체 움직이지 못하

는 것이다."

에머슨은 말했다.

"세계에서 가장 어려운 일은 무엇인가? 그 것은 생각하는 일이다"

우리 대부분은 대중(大衆) 사고의 희생인 것이고, 다른 것의 암시를 가지고 놀며 살아가는 것을 생각하면, 분명 그 대로다. 우리 모두는 인과의 법칙은 불패라는 점을 알고 있다. 더구나 우리 가운데 몇 사람이 이 법칙의 작용에 대해 숙고한 일이 있을까?

사람 일생의 행보는 몇 번이나 겨우 한 가지 사고에 의해 바뀌어 왔다. 더욱 그 사고는 어느 사람에게는 번쩍임과 같이 오고, 그리고 인간계 사건의 흐름 모두를 바꿔버리는 위대한 힘이 되었던 것이다.

역사는 강한 의지력과 의연한 사고력을 갖는 개인이 그 몸 안의 신념에 매달려 동료들을 격려하고, 놀랍고 더욱 끈기 있는 반항을 앞에 두고, 공허한 가운데 위대한 사업이나 거대한 국가나 새로운 세계를 만들어 낸 것이다.

그 위에 그 들만이 사고력을 독점한 것은 아니다.

당신도 어느 남자도 어느 여자도 모두 그 것을 가지고 있는 것이다. 누구도 그 것을 사용하기만 하면 좋을 것이다. 그렇게 하면, 당신이 상상으로 그린 그 사람이 되는 것이다.

그 것은 원인과 결과의 법칙 작용에 따라, 당신은 생활 속에 새

인자를 잡아 넣음으로써, 그 것은 당신의 중요한 사고력이 체내에서 창조하고, 또는 외계에서 끌어온 것에 지나지 않는다.

적극적이고 창조적인 사고는 행동과 그리고 최종 실현으로 인도한다. 그러나 참된 힘은 행동 그 것보다 사고(思考)다. 항상 기억하라.

"무엇이든 사람이 마음에 품고 있는 일은 그가 실현으로 가져가는 것이다."라는 중요한 말을.

건강, 재력, 행복은, 만약 바른 마음의 그림을 만들고, 끊임없이 그 것을 담보한다면, 이에 이어 반드시 실현하지 않으면 안 된다. 왜냐하면, 인과의 법칙은 불변이기 때문이다.

"너 자신을 알라"고 말했다. 당신의 힘을 알도록 하라. 이 책을 재독, 3독하고, 당신 일상생활의 일부로 하라.

카드와 거울의 기술을 바르게 사용하라. 그렇게 하면, 당신이 열망하는 기대를 넘는 결과를 가져올 것이다.

신념에 확실히 창조적인 힘이 있음을 솔직히 믿도록 하라. 그렇게 하면, 매직이 나타날 것이다.

즉, 신념은 기도(企圖)하는 것이 무엇이든, 성공하는 힘을 당신에게 주기 때문이다. 당신의 신념을 굳건한 의지력으로 뒷받침하라. 그렇게 하면, 당신은 불패의 인간 가운데 독립의 인(人), 참 당신이 될 것이다.

번역자 후기

본서는 'The Magic of Believing'의 번역서다. 저자 Claude Bristol(1891~1951)은 언론사 기자를 거쳐 투자회사 임원을 지낸 사람이지만 원저(原著)는 1948년 당시, 그가 담당한 라디오 방송 내용 등을 정리한 것이다.

출판 이래, 매우 평판이 좋아, 오늘까지 미국 및 세계 각지에서 수 없이 많은 중판(重版)이 거듭돼 왔다. 이 책과 함께 'TNT, The Power Within You'의 2책을 남기고, 그는 세상을 떠났으나, 그 업적은 일반적으로 획기적인 것으로 사계(斯界)는 보고 있다.

지금 널리 알려진 심층(深層) 심리의 위력을 우리가 실 생활에 이용하면, 보람 있게 우리가 성공의 일생을 보낼 수 있도록, 그 실천 요령을 쉽고 유익하게 소개한, 실례 중심 내용이 매우 특징적이다.

심층심리는 오늘날 세계적 관심을 모으고 있는 분야로, 여러 방면에서 전문가 연구 및 실험이 거듭되고 있으나, 어느 쪽인가 하면, 매우 다루기 힘든 대상으로 알려지고 있다.

그러나 브리스톨은 이 방면에서 밝고 즐거운 실용법을 발견했다. 이 것은 미국적인 실용주의 나라에서만 성장이 가능했던 일이지만, 여전히 범세계적으로 놀라운 관심분야 임이 분명하다.

현재, 본서로 영향 받은 사고(思考) 방식은 후론티어(Frontier) 정신 및 프래그머티즘(Pragmatism) 등과 함께, 미국 사상의 클래식으로, 오래도록 발전할 것으로 전망된다.

브리스톨 이후, 특히 미국 캘리포니아 주에서 그 사고(思考)의 흐름은 물방울이 대지를 적시듯 넓게 퍼져 나가고, 그 운동과 저술은 앞으로도 여전히 우리의 중요 관심사가 될 것이다.

2022년 1월 30일
번역자 전영우 적음

신념 이야기

초판 인쇄   2022년 7월 11일
초판 발행   2022년 7월 15일

지은이 전영우
발행인 임수홍
디자인 맹신형

발행처 한국문학신문
주 소 서울 강동구 양재대로 114길 32 2층
전 화 02-476-2757~8   FAX 02-475-2759
카 페 http://cafe.daum.net/lsh19577
E-mail kbmh11@hanmail.net

값 16,000원

ISBN   979-11-90703-50-5

· 저자와의 협약에 의해 인지는 생략합니다.
· 이 책의 글은 저작권법에 따라 보호를 받는 저작물이므로 저자와 출판사의 동의 없이는 무단 전재 및 무단 복제를 금합니다.

· 잘못된 책은 바꾸어드립니다.